Albert de Rochas d'Aiglun

La lévitation du corps humain

I

On désigne aujourd'hui sous le nom de lévitation du corps humain le phénomène qui consiste dans le soulèvement d'un corps vivant sous l'action d'une force encore indéterminée, soulèvement qui va jusqu'à produire une suspension plus ou moins longue dans l'air sans aucun contact avec le sol.

J'ai publié en 1897 une brochure (^{1}) où étaient relatés plus ou moins sommairement les cas que j'avais pu recueillir. J'ai cité, d'après les histoires ecclésiastiques, plus de soixante saints ou bienheureux chez qui le phénomène se reproduisait fréquemment. On en trouve également de nombreux exemples chez les mystiques de l'Orient, comme chez ceux de l'Occident (^{2}). De nos jours, on a pu l'observer avec toutes les garanties désirables chez certains médiums ; moi-même j'en ai été témoin deux fois (^{3}). Le fait peut donc être considéré comme certain ; l'explication reste seule à trouver. Tantôt on pourrait l'attribuer à une simple force physique se développant dans l'organisme du *sujet* sous l'influence de causes morales et agissant comme un courant magnétique ou odique qui repousse un

---

^{1} Paris, Leymarie. 1 vol. in-8° de 40 pages avec gravure.

^{2} «Maximin, dans l'ivresse de la joie que lui procurait son avancement, ne pouvait plus se tenir en place et se croyait sans doute la faculté des Brahmanes pour marcher en l'air, car il semblait que la terre ne fût plus digne de le porter.» (Ammien Marcellin, *Histoire du règne de Valentinien*, année 730). D'après Philostrate (*Vita Ap.*), Apollonius de Tyane avait vu les Brahmanes flotter dans l'air. Carl du Prel dit, dans sa *Physique de la Magie* (t. II, ch. VII), qu'il eut l'occasion en 1856 de voir Marie Mœrl ; elle était agenouillée en prière, sur son lit, mais on pouvait passer la main au-dessous de ses genoux. J'ai connu moi-même, dans ma jeunesse, une sainte femme qui habitait le village de Cou, près de Privas, dans l'Ardèche ; elle jouissait de facultés extraordinaires dont j'ai récemment fait un exposé sommaire dans les *Annales des sciences psychiques*. Une dame de mes amies qui était très liée avec elle les a décrites en détail dans des mémoires inédits dont j'extrais ce qui suit : «Victoire passa auprès de moi plusieurs heures. Tout en me parlant des grâces que Dieu et la Sainte-Vierge lui accordaient, je la vis avec un profond étonnement rester les yeux fixes, mais animés et s'élever peu à peu de dessus la chaise où elle était assise, étendre les bras en avant, ayant le corps penché dans cette même position et demeurer ainsi suspendue, sa jambe droite repliée sous elle, l'autre ne touchant à terre que par l'orteil. C'est dans cette position, impossible à toute personne dans un état naturel, que j'ai vu Victoire toutes les fois qu'elle était dans ses moments de ravissements extatiques alors que j'avais le bonheur de l'avoir très régulièrement deux fois par semaine près de moi qui était alors sa presque seule amie. Elle prenait deux ou trois extases pendant ses visites qui duraient de dix à quinze ou vingt minutes l'une. Je l'ai vue en cet état plus de mille fois, surtout pendant les six premières années de notre connaissance.»

^{3} Voir la brochure citée ci-dessus, p. 68 et 82.

courant semblable existant dans le sol ([4]) ; tantôt il semble dû à une entité intelligente et invisible qui soulève le sujet, comme le ferait un homme ordinaire.

De nouveaux documents m'étant parvenus, il m'a paru utile d'en faire connaître les principaux à ceux que cette question intéresse. Ce n'est en effet que par l'examen comparatif des circonstances dans lesquelles se sont produits ces phénomènes qu'on pourra essayer d'en déduire une théorie. Ils sont du reste si étranges par eux-mêmes que la multiplicité des témoignages parviendra seule à en faire admettre la réalité.

Mais, a dit Herschell ([5]), «les yeux du parfait observateur doivent toujours être ouverts pour ne laisser passer aucun phénomène en opposition avec les théories régnantes ; car tout phénomène de ce genre marque le début d'une nouvelle théorie. »

---

[4] M. Derôme a publié, en 1900, dans *La nature* (1er Sem. p. 202), un article intitulé : La bouteille de Leyde et la prévision du temps. Il y relate diverses expériences prouvant que le poids d'une bouteille de Leyde indiqué par une balance hydrostatique à l'un des plateaux de laquelle elle est suspendue, peut augmenter de plusieurs décigrammes quand on l'électrise, et que cette augmentation de poids est d'autant plus forte que l'air est plus humide.

[5] *Einleitung in das studium der naturwissenschaft*, 105.

II

On sait que les sorcières passaient pour avoir une légèreté surnaturelle qu'on constatait soit par l'épreuve de l'eau, soit par celle de la balance [6].

Pour la première épreuve, on liait la malheureuse avec des cordes et on la jetait à l'eau. Si elle surnageait, elle était déclarée coupable et on la brûlait ; si elle enfonçait, elle était reconnue innocente et se noyait.

Pour la seconde épreuve, on plaçait l'accusée dans un des plateaux d'une balance dont l'autre plateau supportait une Bible. D'après Bodin, il était admis que toute personne plus légère qu'une Bible d'église était adepte de Satan.

Chez les Cambodgiens, on soumet également la femme accusée de sorcellerie à l'épreuve de l'eau. « On la jette au fleuve ; si elle enfonce, elle est proclamée innocente et remise en liberté ; si elle surnage, c'est qu'elle est soutenue par des démons. Dans ce dernier cas, on la saisit et on la livre au juge. »(Leclerc, *La sorcellerie chez les cambodgiens*) [7].

Le Dr Kerner rapporte que, quand la Voyante de Prévorst qu'il soignait était en transe et qu'on la mettait au bain, « on voyait ses membres, sa poitrine et la partie inférieure de son corps émerger involontairement de l'eau en vertu d'une étrange élasticité. Les personnes qui la soignaient faisaient tous leurs efforts pour maintenir son corps sous l'eau et ne pouvaient y parvenir ; si, à ce moment, elle était tombée dans une rivière, elle n'aurait pas pu s'y enfoncer plus qu'un morceau de liège. » [8]

La somnambule du Dr Koreif, qui ne savait pas nager, se maintenait très bien sur l'eau à l'état de somnambulisme ; elle s'y trouvait comme dans son élément et manifestait une joie excessive. Il en était de même d'une somnambule du Dr Despine qui restait à plat sur l'eau comme une planche [9]. En Irlande un garde-côte remarqua, un jour, un individu nageant dans la mer ; un canot sortit et alla recueillir le nageur. On reconnut en lui un somnambule qui avait nagé ainsi à une distance du rivage d'un mille et demi [10].

---

6 On sait aussi qu'elles prétendaient aller au Sabbat en s'envolant à cheval sur un bâton.
7 *Revue scientifique* du 2 février 1895
8 Kerner. *La voyante de Prévorst*. Paris, Leymarie, 1900, p.35.
9 Pigeaire. électricité animale, 27.
10 Brierre de Boismont. *Des hallucinations*.

Le Dʳ Henri Goudard a étudié, dans les *Annales des sciences psychiques* (année 1895), le cas d'une jeune Américaine, miss Abbott, qui vint en 1892 donner à Paris des représentations. Elle pouvait se rendre lourde ou légère à volonté et communiquer cette propriété à d'autres personnes. C'est ainsi qu'elle soulevait de terre, en la prenant entre ses deux mains ouvertes, sans pression, une chaire chargée de cinq personnes groupées de manière à ne pas toucher le sol. Cette jeune fille était toute petite et pesait, dans son état normal, 45 kilos. Quand elle voulait se livrer à ses exercices, elle se tenait immobile pendant un instant ; le regard fixe dans l'espace ; tout à coup un éclair semblait passer dans ses yeux, une secousse à peine perceptible agitait son corps et elle entrait dans une sorte de transe où elle restait en relation avec le milieu ambiant.

La *Revue d'études psychiques* de M. César de Vesme parle [11] d'un cas analogue qui aurait été observé tout récemment aux États-Unis. Il s'agirait d'une fillette âgée de douze ans appelée Stella Lundelius, et fille d'un photographe d'origine suédoise établi à Port-Jervis. Depuis sa plus tendre enfance, elle jouissait de la faculté d'accroître à volonté le poids apparent de son corps. Pour produire le phénomène, Stella appuie le bout du doigt sur le poignet, le front ou le cou de l'expérimentateur ; alors, plusieurs hommes en unissant leurs efforts ne parviennent pas à la soulever de terre, bien que normalement elle ne pèse pas plus de trente kilos. Ces expériences ayant fait du bruit, M. Lundelius fut invité à amener sa fille à New-York pour y être étudiée par un comité de médecins. Après de longues et minutieuses expériences le comité a fait un rapport détaillé dans lequel il conclut à la réalité du phénomène et propose pour explication la différence maintes fois constatée entre le « poids vif » et le « poids mort ». Il cite comme exemples le fait du cavalier qui se fait plus léger sur son cheval et celui du soldat qui, porté sur un brancard à l'hôpital, se laisse aller et devient si pesant que ses camarades protestent et lui demandent de se faire moins lourd.

« André Mollers cite une femme qui vivait en 1820 et qui, se trouvant en état magnétique, s'enleva soudain de son lit dans l'air, en présence de nombreux témoins et plana dans l'espace à la hauteur de plusieurs mètres, comme si elle allait s'envoler par la fenêtre. Les assistants prièrent Dieu et elle redescendit. — Horst, conseiller privé, parle d'un homme dans les mêmes conditions qui, en présence de plusieurs témoins respectables, s'éleva en l'air, plana au-dessus des têtes des personnes présentes, de telle sorte qu'ils coururent derrière lui afin d'éviter qu'il ne se blessât lorsqu'il retomberait » [12].

---

[11] Numéro de Février 1903.
[12] Kerner. *La Voyante de Prévorst*, chap. VII.

«L'empereur François, époux de Marie-Thérèse, avait à sa cour un médium nommé Schindler qui possédait l'art de s'élever à volonté dans les airs sur commande. Le monarque fit un jour enlever le grand lustre de l'une des hautes salles du Burg de Vienne, et, au crochet resté dans le plafond fut suspendue une bourse contenant cent ducats ; ils devaient être la rémunération de Schindler s'il était capable de décrocher cette bourse sans échelle. Aussitôt il se mit à l'œuvre ; il fut saisi de convulsions épileptiformes, se démenant des bras et des jambes et finalement l'écume aux lèvres et avec un tremblement général, s'éleva lentement dans les airs. Il réussit à saisir la bourse ; après quoi son corps s'étendit horizontalement comme pour se reposer et descendit lentement en planant » [13].

Le célèbre médium anglais Eglington a raconté lui-même, dans le numéro du 4 juin 1886 du journal *Le Médium*, une lévitation qu'il subit au cours d'une séance la cour de Russie.

«Après le thé, on passa dans une chambre où prirent place, en se tenant par la main, l'Empereur, l'impératrice, le grand-duc et la grande-duchesse d'Oldenbourg, le grand-duc et la grande-duchesse Serge, le grand-duc Wladimir, le général Richter et le prince Alexandre d'Oldenbourg. Les lumières furent éteintes et les manifestations commencèrent ; la plus frappante fut une voix qui s'adressa en russe à l'Impératrice et causa avec elle pendant quelques instants. Une forme féminine fut aperçue entre le grand-duc Serge et la princesse d'Oldenbourg, mais elle disparut bientôt… Je commençai alors à m'élever dans l'air, tandis que l'Impératrice et la princesse d'Oldenbourg continuaient à me tenir la main. La confusion devint indescriptible lorsque, m'élevant de plus en plus haut, mes voisines durent monter sur leurs chaises afin de me suivre. Cette idée qu'une Impératrice était obligée de poser ainsi à l'antique, au risque de se blesser, était peu propre à maintenir l'équilibre mental du médium et je demandai plusieurs fois qu'on levât la séance. Mais ce fut inutilement et je continuai à monter jusqu'à ce que mes deux pieds touchassent deux épaules sur lesquelles je m'appuyai et qui étaient celles de l'Empereur et du grand-duc d'Oldenbourg, ce qui fit dire à l'un des assistants :

—C'est la première fois que l'Empereur se "trouve sous les pieds de quelqu'un."

Lorsque je fus redescendu, la séance fut terminée. »

Le *Journal de Francfort*, du 6 septembre 1861, contient l'entrefilet suivant, emprunté au *Gegenwart*, de Vienne :

«Un prêtre catholique entretenait, dimanche dernier, dans l'église Sainte-Ma-

---

[13] Brabbée, *sub rosa*.

rie à Vienne, ses auditeurs de la protection constante que prêtent les anges aux fidèles commis à leur garde, et cela, dans un langage plein d'exaltation et d'images avec une onction et une éloquence qui touchaient profondément le cœur des nombreuses dames et jeunes filles réunies autour de lui. Dès le commencement du sermon, une jeune fille d'une vingtaine d'années manifestait tous les signes de l'extase, et bientôt, dit un témoin oculaire, les bras alternativement croisés ou élevés vers le ciel, les yeux fixés sur le prédicateur, elle fut aperçue de tout le monde se soulevant peu à peu de terre et demeurant à plus d'un pied du sol jusqu'à la fin du sermon. On assure que le même phénomène s'était produit quelques jours avant, au moment où cette jeune personne recevait la communion. »

Miss Cook, le célèbre médium qui a servi aux séances de matérialisation chez

M. Crookes, raconta, en 1872, dans une lettre adressée à M. Harrisson, qu'en 1870, étant alors âgée de 14 ans, on la mena à une séance de spiritisme parce qu'elle voyait et entendait souvent des esprits invisibles pour tout le monde. Après plusieurs mouvements et lévitation de la table, « une communication par coups frappés nous fut donnée, disant que si on voulait faire l'obscurité, je serai portée autour de la chambre. J'éclatai de rire, ne croyant pas que cela fût possible. On éteignit la lampe, mais l'obscurité n'était pas complète, car il entrait de la lumière par la fenêtre. Bientôt, je sentis que l'on me prenait ma chaise. Je fus soulevée jusqu'au plafond. Tout le monde a pu me voir en l'air. J'étais trop effrayée pour crier, et je fus portée au-dessus de la tête des assistants et déposée sur une table, à l'extrémité de la chambre. Ma mère demanda alors si nous pouvions avoir des phénomènes chez nous. La table répondit « oui », que j'étais un médium. »

M. l'abbé Petit, que beaucoup de mes lecteurs ont sans doute connu chez la duchesse de Pomar, m'écrivait récemment :

« Ce qu'il importe de déterminer dans tous ces phénomènes, c'est la cause qui les produit. Cette cause étant complexe, comme tous les agents de cette nature, doit être étudiée par le sujet lui-même en même temps que par l'opérateur si le phénomène est produit par un médium étranger ; dans le cas contraire, c'est que le sujet est plus ou moins médium et c'est pour lui un devoir d'étudier ses sensations, autant qu'il en est capable.

« En ce qui concerne la lévitation, je l'ai éprouvée de deux manières différentes dans une église : une fois, c'était un simple soulèvement que j'attribue à la dilatation du corps astral ; une autre fois, il y a eu transport.

« J'ai ressenti, dans le premier cas, un fourmillement intense dans les mains et les pieds avec la sensation d'une force qui s'échappait ; dans le second cas, la

sensation était toute différente, il me semblait qu'une force étrangère m'attirait vers l'autel ([14]).

« Je pense que, dans le cas de transport, la force médianimique du sujet se soude à une force supérieure qui l'entraîne. Si la frayeur ne m'avait saisi, si je ne m'étais pas débattu, je serais probablement passé par-dessus la grille du sanctuaire. Ma frayeur a été si grande que j'ai failli en être malade…

« Il m'en coûte de parler de moi, je ne le fais qu'avec répugnance ; mais il serait à désirer que les personnes à qui surviennent, accidentellement ou non, quelques phénomènes de cette nature, en fissent l'aveu en toute sincérité. Cet aveu est très pénible ; aussi la plupart s'en cachent avec soin pour ne point s'attirer la réputation d'hallucinés ou de visionnaires, épithètes toujours désagréables.

« En tout cas, aucun de ces phénomènes n'est miraculeux. Rien dans ces faits, qui échauffent malheureusement les imaginations, n'est produit en dérogation des lois de la nature, mais tous relèvent d'une loi supérieure, qu'on finira par formuler. Il faudra sans doute encore de nombreuses expériences avant d'arriver à ce résultat. Ce qu'il y a de déconcertant, c'est que les meilleures théories sont tout à coup bouleversées par un facteur inconnu qu'il est impossible de déterminer. »

L'écho du Merveilleux a publié, dans son numéro du 15 mars 1899, sous la signature de M. Gustave Ferrys, le compte rendu d'expériences faites récemment dans un cercle très restreint.

Le médium était une petite fille de 12 ans, nommée Jane, très bien constituée, bien portante et parfaitement élevée. Son état paraît rester toujours normal pendant les manifestations et suivant une observation déjà faite souvent, elle n'est pas la seule à fournir des éléments de force ; pour que les phénomènes se réalisent, les membres du cercle doivent être toujours les mêmes et se placer dans un ordre déterminé.

Ces phénomènes comportent des déplacements d'objets sans contact, des apparitions lumineuses et des matérialisations qui sont hors de notre sujet. Je me bornerai à reproduire ici les parties du compte rendu qui a trait aux lévitations du médium.

« Jane est debout sur la petite table. Mes deux mains effleurent sa robe un peu au-dessous des aisselles ; les trois autres assistants soutiennent les bras horizontaux du médium en touchant seulement les avant-bras ; sur notre demande, le médium est enlevé de dix centimètres environ et retombe debout sur le plateau.

---

[14] Le curé d'Ars racontait que le démon le soulevait quelquefois dans son lit. On prétend qu'Eugène Vintras, le soi-disant prophète qui vivait à Tilly, il y a une cinquantaine d'années, s'élevait de terre devant témoins lorsqu'il priait.

Touchant seul le corps du médium et ayant les bras tendus, il m'est matériellement impossible de l'enlever dans cette position. Jane, du reste, déclare après chaque expérience de ce genre n'avoir senti de pression nulle part. Elle est enlevée de partout. J'insiste particulièrement sur ce point important.

«L'expérience précédente est répétée, mais alors que le médium a quitté le plateau, la table est renversée seule et Jane redescend lentement à terre. Je ne crois pas pouvoir, à ce moment, estimer son poids à plus d'un kilogramme.

«Un soir de lévitations du médium, une surprise nous est annoncée pour la fin de la séance. Le médium est alors placé debout; j'ai les deux mains un peu au-dessous de ses aisselles, mes amis tiennent les mains et les avant-bras. Je sens tout à coup, par un mouvement des épaules, que le corps a pris une position horizontale. Les pieds joints venaient de quitter brusquement le sol et avaient décrit un quart de cercle autour d'une épaule comme centre. Enlevant vivement ma main gauche, tout en conservant la droite sous l'aisselle gauche du médium, je l'étends dans la direction du corps et constate la position horizontale de celui-ci sans qu'aucune main ne le soutienne. Ce résultat est obtenu trois fois de suite.

«Enfin, je rappelle, pour terminer l'exposé de ce genre de phénomènes, un fait analogue à celui dont parle M. le Dr Corneille, dans son article de février.

«Jane est debout, les deux pieds posés sur mes genoux. Je place une de mes mains sur chacune de ses chaussures. On effleure comme toujours la robe et les bras. Je demande une lévitation du médium. Le poids du corps de celui-ci ne tarde pas à décroître sensiblement… devient nul et, finalement, les pieds quittent mes genoux pour y retomber bientôt.

«J'essaye l'épreuve contraire. Je demande maintenant une augmentation de poids. L'expérience réussit pleinement. Les pieds pressent si fortement qu'ils dévient et m'obligent à les tenir serrés. Je constate d'une main que, par leur position, mes amis ne peuvent nullement contribuer à la production de ce phénomène. Sans exagération aucune, le poids du corps est doublé.

«Je rappelle que le médium dont la nature aimante et douce reflète toute la belle franchise de l'enfance, déclare ne sentir aucune pression, aucune poussée. Un fait curieux mérite d'être signalé avant que les pieds de Jane quittent le sol ou les genoux, le corps s'allonge sensiblement et dans le cas d'augmentation de poids, le corps se tasse et doit certainement diminuer de longueur d'au moins deux ou trois centimètres.»

«Voulant varier ces effets à l'infini, la table, dans ses réponses, semble s'ingénier à combiner d'autres phénomènes. Elle nous dit:

—Couchez Jane sur le plateau.

—Mais, disons-nous, ce n'est pas possible!

—Je veux la léviter au mur.

—Comment cela? «La table répond que le médium sera raidi et qu'il nous faut mettre les mains légèrement en dessous.

«Nous suivons le petit meuble qui va prendre, en lévitant, une position convenable, puis Jane est étendue les reins portant sur la table, la tête et les pieds soutenus par nous quatre.

«Le corps perd bientôt de son poids; nous ne le sentons plus sur nos mains qui effleurent seulement la robe; il s'élève et fait horizontalement un mouvement de va-et-vient; les pieds frappent le mur à chaque fois. Le médium rit et dit: «Encore!»

«Pendant que Jane rebondit vers le mur, telle une balle de caoutchouc, j'émets l'idée que la table ne servant plus à rien pourrait bien sortir du cercle formé par les assistants. Nous lui réservons un passage; mais elle sort, seule évidemment, du côté opposé et va s'affaler avec bruit, dans un angle de l'appartement. Le poids du corps de Jane augmente et redevient normal.

«Un instant après, nous obtenons que l'expérience soit refaite, mais avec cette variante:

—Quand le médium sera en l'air, et lévitera au mur, vous glisserez lentement vos mains vers la tête de sorte que la partie supérieure du corps reste horizontale, sans contact.

«Ainsi est fait. Jane continue les lévitations au mur jusqu'à ce que nos mains soient toutes remontées de la tête à la taille. Plus de la moitié du corps restait donc seule, soutenue par l'invisible. Puis le médium, couché dans les mêmes conditions que précédemment, est enlevé horizontalement, redressé et posé debout sur la table. Enlevé de nouveau, il tourne dans le plan vertical et se couche lentement. Pendant ce temps, nos mains, effleurant seulement la robe, n'ont qu'à suivre. Les mouvements sont lents et réguliers. Il est de toute impossibilité de les reproduire à force de bras, ainsi que nous l'avons essayé depuis.»

M. le Dr Dusart, ancien interne des hôpitaux de Paris, a étudié dans un petit village du département du Nord, une jeune fille de dix-sept ans, qui était un médium extraordinaire sous des rapports divers. Voici ce qu'il m'écrivait, le 7 mars 1899, au sujet des phénomènes se rapportant à la question qui nous occupe en ce sens qu'on voit varier le poids des objets matériels sous l'influence d'une force inconnue.

«Maria ayant les mains à plat sur la table, les pieds de celle-ci qui sont de son côté se soulèvent: un d'eux vient toucher sa robe; puis les deux autres s'enlèvent à leur tour et la table ainsi complètement en l'air vient, sans le moindre effort musculaire de Maria, se poser sur la tête des assistants debout dans la salle. À la demande, on ne la sent pas du tout ou elle pèse à faire crier grâce. Nous avons tous essayé de la soulever non pas en y imposant simplement les mains, ce qui est évidemment impossible, mais en l'empoignant vigoureusement par les bords; nous n'y sommes pas arrivés. «Il était intéressant et même nécessaire d'apprécier l'étendue des modifications de la pesanteur. J'ai apporté un peson à index et j'y ai suspendu la table: libre, elle donne dix-sept kilos. À la demande, Maria portant les mains dessus la plate-forme, elle arrive à peser zéro; ou bien Maria posant les mains dessous, l'index descend lentement jusqu'à quarante kilos. Plus tard, la table s'agitant dans une vraie sarabande, on a constaté cinquante kilos, point extrême du peson; mais ceci ne compte pas, à cause des secousses.

On connaît l'expérience du pèse-lettre, qui eut lieu à l'Agnélas en 1895; elle a été répétée en 1897, à Bordeaux chez M. Maxwell qui m'a communiqué le procès-verbal rédigé par lui-même.

Séance du 4 août 1897

«Présents: Eusapia, médium; Mme A…; M. Maxwell ([15]); M. de Pontaud; M. Denucé, docteur en médecine; M. Pr. avocat.

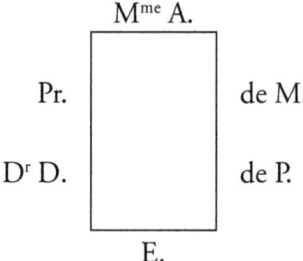

«Lumière vert clair donnée par une lampe électrique placée dans une lanterne photographique. On distingue les moindres détails de l'appartement, sauf le dessous de la table à cause de l'ombre portée par le tableau.

«Eusapia est en corsage clair, celui qu'elle avait pendant le dîner.

«J'ai acheté dans la journée un pèse-lettre que j'apporte. E… nous fait rester deux ou trois minutes les mains sur la table, puis approche ses mains du pèse-

---

[15] M. Maxwell a donné un résumé de cette séance à la page 292 du livre qu'il vient de publier dans la Bibliothèque de philosophie contemporaine, sous le titre: Les phénomènes psychiques, recherches, observations, méthodes, par J. Maxwell, docteur en médecine, Avocat général près la Cour d'appel de Bordeaux. — Préface de Charles Richet, membre de l'Académie de médecine, Professeur à la Faculté de médecine de Paris.

lettre, en faisant placer la main droite du D^r D… sous la main gauche du médium.

« Le D^r D… accuse une sensation de souffle froid qui s'arrête au bout d'un instant, puis recommence.

« Les mains d'Eusapia sont à environ quinze centimètres du pèse-lettre, de chaque côté et dans le prolongement d'un diamètre du plateau.

« Eusapia fait deux ou trois fois un mouvement de haut en bas avec ses mains, face palmaire au-dessous. Or, la deuxième fois, le pèse-lettre est poussé à fond de course, ce qui exige une force de plus de cent soixante-dix grammes.

« Eusapia prend la main gauche de M. de Pontaud la place sous sa main droite et tente l'expérience avec lui. Elle demande s'il sent le souffle froid ; M. de Pontaud répond que non. Après quelques instants ; M. de Pontaud sent un souffle froid à l'annulaire et au petit doigt (les deux doigts de sa main la plus rapprochée du corps du médium). Le plateau s'abaisse et l'aiguille s'arrête à la division vingt.

Eusapia reprend la main droite du D^r D… Elle ne place plus ses mains dans le prolongement des diamètres du plateau, mais dans deux directions faisant un angle d'environ 120°, dont le sommet serait au centre du plateau.

« Le D^r D… a toujours sa main droite dans la main gauche d'Eusapia. Les extrémités des mains de celle-ci sont à environ dix centimètres du bord du plateau et à environ quinze centimètres l'une de l'autre. Le plateau s'abaisse à quatre-vingt-dix grammes et revient lentement à zéro.

« Dans les deux expériences précédentes, il était revenu brusquement à zéro.

« Eusapia essaye de faire lever le plateau. Ses mains sont dans le prolongement d'un diamètre du plateau ; la face palmaire est, cette fois, en haut. Le plateau se relève. Dans cette position la course du plateau est faible ; il est bloqué au bout d'un demi-centimètre.

M. Pr… place son portefeuille en maroquin noir, pesant soixante-dix grammes, sur le plateau. Eusapia recommence l'expérience dans les mêmes conditions de position des mains et de distance comptées à partir du bord du portefeuille. Après deux ou trois mouvements de ses mains de bas en haut, le plateau est relevé à bloc.

« Avant qu'on enlève le pèse-lettre, Eusapia fait remarquer que ces expériences sont celles qui lui plaisent le plus. Elle n'est pas endormie et se rend compte de tout ce qui se passe. Elle dit éprouver une sensation de froid dans le dos, le long de l'épine dorsale, puis dans le bras, et un fourmillement dans le bout des doigts au moment où le plateau s'abaisse. »

À Montfort-l'Amaury, ce phénomène s'est présenté sous une forme différente et assez originale. C'était également à la fin d'une séance.

« On passe, dit M. de Fontenay [16], dans la salle à manger, on s'asseoit autour de la grande table. On prend du thé et des gâteaux. Il y a devant Eusapia un plateau chargé de tasses avec leurs soucoupes et leurs petites cuillers, un sucrier, une théière et divers menus objets, parmi lesquels une cuiller à entremets pesant quarante grammes : celle-ci est posée à même le plateau, appuyée sur le rebord qu'elle dépasse de six ou sept centimètres. Eusapia, qui attend sa tasse de bouillon, montre la cuiller à ses voisins, et, comme pour s'amuser, la fait sauter en passant les deux mains de bas en haut à quelques centimètres à gauche et à droite de l'objet. Aussitôt on nous appelle, M. Flammarion et moi, et Eusapia recommence. Nous sommes sous la pleine lumière d'une lampe et de plusieurs bougies. Tout le monde regarde. Eusapia renouvelle deux ou trois fois le geste de soulever quelque chose entre ses deux mains, qui passent chaque fois à trois ou quatre centimètres au minimum de l'extrémité de la cuiller. Le premier mouvement n'amène aucun résultat ; au deuxième ou au troisième, la cuiller sursaute et retombe dans la même position. Nous prions le médium de recommencer une fois encore. Elle répète le même geste deux ou trois fois, mais sans succès, et frotte ses mains contre sa jupe comme pour les essuyer et les débarrasser de quelque impureté qui s'opposerait au passage de je ne sais quelle force. Puis elle renouvelle sa tentative. Les deux premières passes ne produisent rien ; la troisième amène un léger mouvement de la cuiller ; à la quatrième elle saute en l'air complètement et se renverse bout pour bout sur le plateau. On applaudit et Eusapia se met à rire et à plaisanter ; elle est, je le répète, complètement éveillée (p. 116). »

Le livre de Mr de Fontenay contient une excellente photographie de lévitation de table et de nombreux détails sur d'autres mouvements à distance, qui ont eu lieu en pleine lumière.

À Montfort-l'Amaury, comme dans les autres groupes où elle a opéré, les spectateurs mettent généralement fin à la séance au bout de deux ou trois heures parce que le médium est complètement épuisé ; les spectateurs rompent la chaîne, et on augmente progressivement la lumière. Eusapia sort alors peu à peu de l'état de transe, reprend l'usage de ses sens, se lève, marche, cause et finit par paraître se trouver dans son état normal. Cependant, elle est toujours fortement chargée de force psychique, et c'est à ce moment qu'elle produit en pleine lumière des phénomènes qu'elle répète souvent plusieurs fois de suite au gré des observateurs. Elle vous dit par exemple de placer votre main sur une table, sur le

---

[16] *À propos d'Eusapia Paladino*, Paris. Société des éditions scientifiques, 1898.

dossier d'une chaise ; puis elle place la sienne par-dessus, également à plat et la lève ; alors, votre main et le meuble qui est au-dessous suivent le mouvement et le meuble reste ainsi suspendu à votre propre main pendant quarante à cinquante secondes, jusqu'à ce qu'il tombe brusquement, pendant qu'Eusapia pousse un soupir de soulagement, comme si elle venait de cesser un violent effort.

Cette expérience est du plus haut intérêt parce que l'impossibilité d'un truc est de toute évidence ; j'en ai été témoin plusieurs fois. Elle a été obtenue à Palerme avec Eusapia en juillet et août 1902.

Dans le compte rendu de ces séances on peut cependant lire : « À deux reprises, alors que nous n'étions pas en séance et qu'Eusapia se trouvait en pleine lumière tout près d'une table où se trouvaient plusieurs bibelots, elle s'est servie d'un fil qu'elle avait entre ses mains pour déplacer ces objets et nous a permis de croire quelle se livrait à une fraude consciente. »

Comme les expérimentateurs rendent ailleurs pleine et entière justice aux facultés extraordinaires d'Eusapia, nous sommes portés à conclure qu'ils avaient réellement vu un fil, mais qu'ils avaient eu le tort de ne point s'assurer de la nature de ce fil. Ils auraient alors pu constater que ce fil était purement fluidique, ainsi que cela a été démontré au cours des séances tenues en mars et avril 1903, avec le même médium, chez le chevalier Peretti, à Gênes. Voici comment l'un des témoins, M. Bozzano, narre le fait [17].

« La séance était à peine finie ; la pièce était éclairée par une lampe électrique à la lumière rouge ; le médium encore un peu épuisé était assis auprès de la table. Tout à coup il parut se réveiller de l'espèce d'engourdissement dans lequel il se trouvait ; il se frotta les mains ; après quoi, en les éloignant l'une de l'autre et les portant en avant, il les approcha d'un petit verre posé sur la table ; alors en faisant avec les mains des mouvements, tantôt en avant, tantôt en arrière, il parvenait à imprimer au petit verre en question, des mouvements analogues de traction et de répulsion à distance… Pendant que se déroulait ce phénomène, tous les expérimentateurs furent à même d'apercevoir très clairement, à l'improviste, quelque chose comme un gros fil de couleur blanchâtre, lequel partant d'une manière indéfinie des phalangettes des doigts d'une main d'Eusapia allait se joindre d'une façon tout aussi peu définie aux phalangettes des doigts de l'autre main.

« Aucun doute : le médium trichait ; chacun des expérimentateurs ne put s'empêcher de songer en ce moment à l'épisode de Palerme. Voilà que le médium lui-même se prend à s'écrier avec un ton de joyeuse surprise : *tiens ! regardez le fil ! regardez le fil !*

---

[17] *Revue d'études psychiques*, mars 1901.

« À cette exclamation spontanée du médium, le chevalier Perretti imagina de tenter une épreuve aussi simple que décisive. Il allongea le bras et commença à presser légèrement et ensuite à tirer vers lui, lentement, ce fil qui s'arqua, résista un instant, puis se brisa et disparut tout à coup ; une brusque secousse nerveuse fit tressaillir le corps du médium. Inutile de décrire l'étonnement général ; un tel fait suffisait à résoudre d'un coup toute incertitude. Il ne s'agissait point d'un fil ordinaire, mais d'un filament fluidique. »

M. Bozzano s'en est du reste assuré encore plus complètement au moyen d'une vingtaine d'observations faites ensuite au courant des séances de Gênes et où le phénomène s'est reproduit, quoiqu'un peu atténué, grâce au dispositif suivant. Quand le médium avait donné une bonne séance et qu'on supposait qu'il était dans de bonnes conditions pour extérioriser son fluide, on n'avait qu'à étendre, en pleine lumière, sur son giron, un drap noir et à disposer la table ou un meuble quelconque de telle façon que son ombre tombât sur le drap en question ; puis on plaçait les mains du médium dans l'étendue de l'ombre, les deux pointes vis-à-vis de l'autre, à une distance de dix centimètres environ ; les dos des mains soulevés et les doigts légèrement ouverts. Quelques instants après, on pouvait observer distinctement quelques filaments fluidiques fort minces, d'une couleur blanchâtre, qui, en partant de chacune des phalangettes d'une main d'Eusapia, allaient se rattacher à chacune des phalangettes correspondantes des doigts de l'autre main ([18]). Grâce à ce filament fluidique, on peut donc expliquer certains mouvements qui paraissent se produire en contradiction, avec les lois de la pesanteur.

Sainte Thérèse a eu de nombreuses lévitations ; voici comment les rapporte un de ses historiens ([19]). Le guide spirituel du monastère, saint Jean de la Croix, venait joindre quelquefois ses ardeurs à celles de Thérèse. Un jour, fête de la Très Sainte-Trinité, ils s'entretenaient ensemble, au parloir, de ce grand mystère vers lequel ils étaient portés par les mêmes attraits. Thérèse, à genoux d'un côté de la grille, semblait plutôt en oraison qu'en conversation. Le P. Jean de la Croix, assis de l'autre côté, parlait avec le feu que seul l'amour divin communiquait à son langage doux et calme d'ordinaire. Au milieu de leurs discours, le ciel s'ouvre au-dessus de leurs têtes, et leurs deux âmes, unies dans une sublime contemplation, s'élancent vers le Bien suprême qu'il leur est donné d'entrevoir. À ce moment,

---

[18] M. Maxwell a, démontré, dans le chapitre IV de ses *Phénomènes psychiques*, la réalité objective de ces effluves digitaux qui se produisent plus ou moins chez tout le monde, mais qui sont en général trop faibles pour être aperçus par d'autres que par les sensitifs.

[19] (Anonyme). *Histoire de sainte Thérèse d'après les Bollandistes, ses divers historiens et ses diverses œuvres complètes*. Paris. Retaux Bray, 1886, 2ᵉ édition, tome second, p. 37.

la sœur portière, Béatrix de Jésus, chargée de transmettre un message à sa Mère Prieure, frappe à la porte du parloir. Personne ne répond. Elle frappe encore, enfin elle pousse la porte. Le Saint et la Sainte sont l'un et l'autre élevés au-dessus du sol dans la situation qu'ils occupaient auparavant: Jean de la Croix assis sur sa chaise qu'il a inutilement saisie de ses deux mains pour se retenir à terre et qu'il a au contraire emportée avec lui; Thérèse toujours à genoux et soutenue en l'air. À cette vue, sœur Béatrix, hors d'elle-même, appelle les religieuses qu'elle peut trouver hors du parloir, et une partie de la communauté devient ainsi témoin du double prodige. On ne put en garder entièrement le secret avec la sainte Mère: «Que voulez-vous, mes filles, répondit-elle dans sa gracieuse humilité, on ne peut parler de Dieu avec le Père Jean. Non, seulement il tombe aussitôt en extase, mais il fait y entrer les autres.»

La sainte a décrit elle-même les sensations qu'elle éprouvait au moment de ses lévitations, dans son autobiographie dont Mgr Méric a publié [20] de nombreux extraits que nous lui empruntons.

«L'âme, dans ces ravissements, semble quitter les organes qu'elle anime. On sent d'une manière très sensible que la chaleur naturelle va s'affaiblissant et que le corps se refroidit peu à peu, mais avec une suavité et un plaisir inexprimables. Dans l'oraison d'union, nous trouvant encore comme dans notre pays, nous pouvons presque toujours résister à l'attrait divin, quoique avec peine et un violent effort; mais il n'en est pas de même dans les ravissements; on ne peut presque jamais y résister. Prévenant toute pensée et toute préparation intérieure, il fond souvent sur vous avec une impétuosité si soudaine et si forte que vous voyez, vous sentez cette nuée du ciel ou cet aigle divin vous saisir et vous enlever. Mais comme vous ne savez où vous allez, la faible nature éprouve à ce moment, si délicieux d'ailleurs, je ne sais quel effroi dans le commencement. L'âme doit montrer ici beaucoup plus de résolution et de courage que dans les états précédents; il faut en effet qu'elle accepte à l'avance tout ce qui peut arriver, qu'elle s'abandonne sans réserve entre les mains de Dieu et se laisse conduire par lui où il lui plaît, car on est enlevé, quelque peine qu'on en ressente.

«J'en éprouvais une si vive, par crainte d'être trompée que, très souvent en particulier, mais surtout quand j'étais en public, j'ai essayé de toutes mes forces de résister. Parfois je pouvais opposer quelque résistance; mais, comme c'était en quelque sorte lutter contre un fort géant, je demeurais brisée et accablée de lassitude. D'autres fois, tous mes efforts étaient vains; mon âme était enlevée, ma tête suivait presque toujours ce mouvement sans que je pusse la retenir; et

---

[20] Le vol aérien des corps. *Revue du Monde invisible*, numéro du 15 avril 1899.

quelquefois même tout mon corps était enlevé, de telle sorte qu'il ne touchait plus à terre.

« J'ai été rarement ravie de cette manière. Cela m'est arrivé un jour où j'étais au chœur avec toutes les religieuses et prête à communier. Ma peine en fut extrême dans la pensée qu'une chose si extraordinaire ne pouvait manquer de causer bientôt une grande sensation. Comme ce fait est tout récent et s'est passé depuis que j'exerce la charge de prieure, j'usai de mon pouvoir pour défendre aux religieuses d'en parler.

« En plus d'une circonstance, j'ai fait ce que je dis le jour de la fête du saint patron de notre monastère. Pendant le sermon auquel assistaient plusieurs dames de qualité, je vis que la même chose allait m'arriver ; je me jetai soudain à terre, mes sœurs accoururent pour me retenir, et le ravissement ne put échapper aux regards. Je suppliai instamment Notre-Seigneur de vouloir bien ne plus me favoriser de ces grâces qui se trahissent par des signes extérieurs ; j'étais déjà fatiguée de la circonspection à laquelle elles me condamnaient, et, malgré mes efforts, je regardai comme impossible de les tenir cachées…

« Lorsque je voulais résister, je sentais sous mes pieds des forces étonnantes qui m'enlevaient ; je ne saurais à quoi les comparer. Nul autre de tous les mouvements qui se passent dans l'esprit n'a rien qui approche d'une telle impétuosité. C'était un combat terrible, j'en demeurais brisée. Quand Dieu veut, toute résistance est vaine ; il n'y a pas de pouvoir contre son pouvoir. Quand Dieu veut, nous ne pouvons pas plus retenir notre corps que notre âme. Malgré nous, nous voyons que nous avons un maître et que de telles faveurs sont un don de sa main, et nullement le fruit de nos efforts ; ce qui imprime dans l'âme une humilité profonde.

« Au commencement, je l'avoue, j'étais saisie d'une extrême frayeur. Et qui ne le serait en voyant ainsi son corps s'élever de terre ? Car, quoique l'âme l'entraîne après elle, avec un indicible plaisir quand il ne résiste point, le sentiment ne se perd pas ; pour moi, du moins, je conservais de telle sorte que je pouvais voir que j'étais élevée de terre. À la vue de cette majesté que déploie ainsi la puissance, on demeure glacé d'effroi, les cheveux se dressent sur la tête et on se sent pénétré d'une très vive crainte d'offenser un Dieu si grand. Mais cette crainte est mêlée d'un très ardent amour, et cet amour redouble en voyant jusqu'à quel excès Dieu porte le sien à l'égard d'un ver de terre qui n'est que pourriture. Car, non content d'élever l'âme jusqu'à lui, il veut élever aussi ce corps mortel, ce vil limon souillé par tant d'offenses…

« Je reviens aux ravissements et à leurs effets ordinaires. Souvent mon corps en devenait si léger qu'il n'avait plus de pesanteur ; quelquefois c'était à un tel point que je ne sentais plus mes pieds toucher la terre. Tant que le corps est dans le ravissement, il reste comme mort et souvent dans une impuissance absolue d'agir. Il conserve l'attitude où il a été surpris; ainsi il reste sur pied ou assis, les mains ouvertes ou fermées, en un mot, dans l'état où le ravissement l'a trouvé…

Giordano Bruno dit, à propos de la puissance de concentration de l'âme et en parlant de saint Thomas d'Aquin: «Quand il s'élevait avec toute la force de son âme et toute sa piété à la contemplation spirituelle de ce qu'il croyait être le ciel, tout son être sentant et agissant se concentrait à un tel degré dans cette pensée unique que son corps se détachait du sol et s'élevait en l'air.»

Voici maintenant quelques cas qui ont été décrits et affirmés juridiquement.

Le premier en date se trouve à la Bibliothèque nationale.

C'est le «Procès-verbal fait, pour délivrer une fille possédée par le malin esprit à Louviers en 1591, par Louis Morel, écuyer, sieur de La Tour, conseiller du roi, prévôt général en la maréchaussée de France et en la province de Normandie, assisté de Me Robert Behotte, licencié ès lois, avocat et lieutenant général de M. le vicomte de Rouen, à la résidence de Louviers.»

La fille dont il est ici question était une pauvre servante, Françoise Fontaine, ni sainte ni sorcière, mais affligée de manifestations si extraordinaires qu'elle avait demandé tous les secours, y compris ceux de la religion, pour en être délivrée et qu'on avait fini par la garder dans la prison de Louviers pour éviter les accidents.

Ces manifestations, parmi lesquelles se trouvaient des coups frappés dans les murs, des transports d'objets mobiliers et des enlèvements de son propre corps, si brutaux qu'elle et les assistants en étaient souvent grièvement blessés, sont longuement exposées dans le procès-verbal avec les attestations des témoins. Je me bornerai à reproduire ici le récit de celles qui eurent lieu lorsqu'on eut recours à l'exorcisme, en y mettant l'orthographe et la ponctuation modernes pour rendre un peu plus claire la rédaction assez confuse du prévôt de Normandie.

«Suivant ce que nous avons arrêté le jour d'hier avec ledit curé Pellet, nous sommes partis de notre logis et venu trouver icelui curé Pellet, viron sur les six à sept heures du matin, avec lequel nous sommes transportés aux prisons de cette dite ville de Louviers, ayant amené avec lui un clerc qui portait l'eau bénite, et nous avons commandé auxdits Vymont, Dupuys, Hellot, Dubusc, le Prévost et autres, nos archers, nous accompagner; ce qu'ils ont fait. Et sommes entrés en icelle prison et avons trouvé ladite Françoise qui était en une petite chambre haute, couchée toute vêtue sur une couchette. avec cinq ou six prisonniers qui la gardaient, laquelle avait le visage tout en sang, comme d'égratignures, à laquelle nous avons demandé qui lui avait fait cette égratignure.

« Par ladite Françoise fait réponse que c'était l'esprit qui la tourmentait qui lui avait fait lesdites égratignures, samedi au soir dernier en notre présence comme nous l'interrogions, l'ayant ledit esprit lors jetée par terre à cause de ce qu'elle nous avait confessé, comme nous avions pu voir.

« À laquelle Françoise nous avons usé de plusieurs remontrances pour la réconcilier en la crainte et amour de Dieu, lui remontrant qu'en reconnaissant Dieu, lui criant merci, confessant ses fautes, lui en demandant pardon et renonçant au diable, elle pouvait sortir des tourments où le malin esprit l'avait conduite, par le moyen d'une confession générale de ses péchés qu'il fallait qu'elle fit audit curé Pellet, et se mettre en bon état, pour ouïr la messe et recevoir le saint Corps de Notre Seigneur Jésus-Christ ; ce qu'elle a promis de faire.

« Ce fait, ledit curé Pellet lui avait baillé de l'eau bénite, et icelle ouïe de confession ; après laquelle nous avons icelle Françoise prise, menée et conduite avec nosdits archers, étant enserrée par les mains, à l'église Notre-Dame de cette dite ville de Louviers, où entrant ledit curé Pellet, qui marchait devant vêtu de son surplis et de son étole, lui avait jeté de l'eau bénite ; et nous, après lui, ayant notre bâton de prévôt en la main, l'avons conduite en la chapelle de la Trinité où l'on avait fait accommoder l'autel pour dire la messe, et devant lequel autel nous avions fait mettre des bancs, sur l'un desquels elle s'est appuyée, s'étant mise à genoux et commencé à prier Dieu, étant toujours auprès d'elle ledit curé Pellet vêtu de sondit surplis ayant son étole au cou. Et nous sommes mis au coin de l'autel où l'on commence à dire la messe, pour voir quelle contenance tiendrait ladite Françoise sans qu'elle nous aperçût.

« Et lors et à l'instant, Me Jean Buisson, prêtre chapelain de ladite église, qui était revêtu de ses ornements sacerdotaux pour dire et célébrer la messe, ayant fait allumer un grand cierge qu'il avait fait mettre sur le bord de l'autel, près de nous, et après a commencé à célébrer une basse messe où s'étaient trouvés présents plus de 1 000 1 200 personnes, tant catholiques que huguenots de la nouvelle prétendue religion, soldats et autres gens de qualité. Et entre autres personnes de qualité, étaient le sieur abbé de Mortemer, le sieur Ratte, abbé et conseiller au parlement de Toulouse, le sieur de Rubempré, le sieur baron de Neufbourg, le sieur baron des Noyers, le sieur Séguier, grand maître des eaux et forêts de France, Me Jacques Duval, médecin à Evreux, Me Jonas Marie, receveur des tailles en l'élection de Montivilliers, Me Nicolas Coquet, prêtre dudit Louviers, Pierre Behotte, Jacques Surgis, Guillaume Juger l'aîné, Robert Langlois, bourgeois et marchands dudit Louviers.

« Laquelle Françoise s'était mise en prière et en état d'ouïr sagement la messe, sinon que lorsque ledit Buisson prêtre a commencé à dire l'Évangile, ladite Françoise avait commencé à sommeiller, la tête lui étant tombée sur ledit banc devant lequel elle était à genoux, comme si elle eût été pâmée et évanouie ; de quoi nous avons averti ledit curé Pellet qui nous regardait et avait l'œil sur nous, comme nous l'en avions prié, afin de l'avertir si nous apercevions que ladite Françoise fît quelque chose ; lequel curé Pellet l'avait exorcisée et à elle jeté de l'eau bénite, laquelle s'était aussitôt revenue, s'étant levée et fait le signe de la croix et ouï et entendu ledit Évangile attentivement. Après ledit Évangile dit, elle avait été à l'offrande où elle avait été conduite par ledit curé Pellet. Lors de l'élévation du saint Corps de Notre-Seigneur Jésus-Christ, elle avait icelui regardé fort attentivement, faisant toujours mine de le prier et adorer, sans avoir été aucunement tourmentée. Après laquelle élévation, ledit curé lui avait présenté la paix qu'elle avait baisée.

« Et sur ce que ledit Buisson prêtre a voulu parachever de dire la messe, le livre et missel étant changés de lieu et remis sur le bout de l'autel où il avait commencé ladite messe, étant à l'action de grâce d'icelle, ledit curé Pellet avait commandé audit Buisson prêtre de ne parachever sa dite messe qu'il n'eût administré le Saint-Sacrement et l'Eucharistie à ladite Françoise ; lequel Buisson s'étant arrêté, icelui curé Pellet, vêtu toujours de son surplis et ayant l'étole au cou, s'étant approché d'icelle Françoise, laquelle il avait ouïe derechef de confession, et ayant icelle exorcisée, et conjuré ledit malin esprit auquel ladite Françoise a déclaré publiquement qu'elle renonçait, ledit curé Pellet a pris la Sainte Eucharistie pour la lui bailler et faire recevoir. S'étant approché d'elle après avoir fait dire à ladite Françoise tout hautement son Misereatur et confiteor, il s'était apparu comme une ombre noire hors de l'église, qui avait cassé un losange des vitres de ladite chapelle et pris le cierge qui était sur l'autel, qu'il avait éteint… et icelle Françoise étant à deux genoux avait été enlevée fort épouvantablement, sans avoir pu recevoir le Saint-Sacrement, ouvrant la bouche, ayant les yeux tournés en la tête, avec un geste tant effroyable, qu'il avait été besoin, à l'aide de cinq à six personnes, la retirer par ses accoutrements comme elle était enlevée en l'air ; laquelle ils avaient jetée à terre, ayant été contraints de se jeter sur elle à cause que cela la voulait enlever, sans toutefois voir ni apercevoir aucune chose ; où s'était aussitôt présenté ledit curé Pellet, qui avait icelle exorcisée et à elle jeté de l'eau bénite, même conjuré ledit malin esprit, laquelle était revenue, à soi, étonnée et débile. Ce que voyant, ledit curé avait derechef fait abjurer à ladite Françoise ledit malin esprit, et à elle fait plusieurs remontrances pour le salut de son âme ; à quoi ladite Françoise avait prêté l'oreille.

« Cela fait, ledit curé avait derechef présenté la Sainte Hostie à ladite Françoise, pour laquelle recevoir s'étant mise à deux genoux, ledit curé lui présentant, icelle

Françoise a derechef été enlevée de terre plus haut que l'autel, comme si on l'eût prise par les cheveux, d'une si étrange façon que cela avait grandement étonné les assistants qui n'eussent jamais cru voir une chose si épouvantable ; s'étant tous jetés à deux genoux contre terre et commencé à prier Dieu et implorer sa grâce pour la délivrance de ladite Françoise ; ayant été de besoin pour icelle reprendre, que plusieurs hommes se soient jetés à ses accoutrements et icelle abattue à terre, s'étant jetés sur elle pour s'opposer à l'effet de l'ennemi qui la voulait enlever, ayant ladite Françoise la bouche torse et ouverte, les yeux qui lui sortaient de la tête, les bras et les jambes tournés sens dessus dessous.

« Ce que voyant, ledit curé Pellet s'était approché auprès d'elle, lui ayant jeté de l'eau bénite, icelle exorcisée et conjuré ledit malin esprit. Ayant ladite Françoise la face contremont, et ayant demeuré quelque temps en cet état, ledit curé Pellet ayant fait allumer un autre cierge, ladite Françoise était revenue à soi et repris ses esprits. Et après que ladite Françoise a derechef crié merci à Dieu et renoncé audit malin esprit, étant à deux genoux s'approchant ledit curé Pellet auprès d'elle pour lui présenter la Sainte Eucharistie afin de icelle recevoir, pour la troisième fois elle avait été comme devant empêchée de ce faire, ayant été enlevée pour la troisième fois par-dessus une grande forme ou banc qui était devant l'autel où l'on célébrait la messe, et emportée en l'air du côté où la vitre avait été cassée, la tête en bas, les pieds en haut sans que ses accoutrements fussent renversés ([21]), au travers desquels, devant, avec derrière, il sortait une grande quantité d'eau fumée puante ; ayant été plus tourmentée que devant, avec une telle manière et fureur, que c'était chose horrible à voir et incroyable à ceux qui ne l'ont vue. Laquelle Françoise fut quelque temps ainsi transportée en l'air sans que l'on la pût reprendre ; mais enfin sept à huit hommes s'étaient jetés à elle, qui avaient icelle reprise et mise contre terre, étant tourmentée de telle façon que c'était chose horrible et pitoyable à voir, tellement que ceux qui étaient là présents en grand nombre tant catholiques que de la nouvelle religion réformée, avaient pitié, s'étant mis à genoux et commencé à prier Dieu pour le salut de l'âme de ladite Françoise.

« Pendant lesquelles prières ledit curé Pellet s'était approché de ladite Françoise où, tout de nouveau, il avait icelle exorcisée et conjuré ledit malin esprit, et

---

[21] Il arrive fréquemment que la force qui soulève l'être humain s'applique également aux objets qui l'entourent. On en a déjà vu des exemples avec sainte Thérèse et dans les expériences de l'Agnélas où la chaise d'Eusapia fut soulevée avec elle. En voici un autre cité par Goerres (*Einleitung zu suzo's Leben*), à propos de saint Suzo qui s'éleva un jour dans l'air, à ciel ouvert, pendant une tourmente de neige ; la neige se rassembla et resta suspendue au-dessus de sa tête en formant une espèce de toit.

lui ayant jeté de l'eau bénite, était revenue et repris ses esprits ayant déclaré tout hautement ladite Françoise qu'elle renonçait au diable, criait merci à Dieu et lui demandait pardon de ses fautes.

« Disant ladite Françoise de soi-même que la première fois que ledit curé Pellet lui avait présenté la Sainte Eucharistie, elle avait vu ledit malin esprit qui était entré par un trou qu'il avait fait en une vitre de ladite chapelle, étant à main droite, qu'elle nous a montré, et avait éteint le cierge qui était allumé sur l'autel où l'on célébrait la messe et icelle Françoise pris par les cheveux pour l'enlever et emporter par le trou de ladite vitre, de peur qu'elle ne reçût le saint Corps de Notre Seigneur Jésus-Christ. »

Le rapport ajoute que le curé Pellet s'étant souvenu que, toutes les fois que Françoise avait été enlevée, cela avait été par les cheveux, il les lui fit raser. À la suite de cette opération et de l'exorcisme qu'on vient de lire, la pauvre fille fut complètement guérie.

J'ai cité ce long texte in extenso pour que le lecteur pût bien se faire une idée du soin avec lequel les faits avaient été observés. Il ne peut y avoir de doute sur ceci que Françoise a été, pendant la messe, soulevée trois fois dans les airs, de telle manière qu'on ne saurait confondre ces lévitations avec des contorsions et des sauts.

Dans les différentes circonstances relatées, l'homme de science ne peut retenir que quelques particularités : telle est l'adhésion au corps des jupons qui ne se renversaient pas quand Françoise avait la tête en bas, ce qui prouve que la force inconnue qui soustrayait son corps aux lois de la pesanteur s'appliquait également à ses vêtements, phénomène qu'on a observé d'autres fois. Tel est également le fait que l'ablation de la chevelure a fait cesser, ou plutôt a contribué à faire cesser les manifestations, faits qu'on peut rapprocher de cette observation que la force psychique se dégage souvent par les cheveux, comme l'électricité. Tel est encore l'état de prostration de Françoise après les lévitations, circonstances qu'on observe toujours après les dépenses considérables de force psychique. Je pourrais également ajouter la sensation de vent froid, dont il n'est pas parlé dans le récit reproduit plus haut, mais qui est souvent indiquée dans les autres parties du procès-verbal, au moment de l'apparition du phénomène, ainsi que beaucoup d'expérimentateurs l'ont constaté dans des manifestations analogues [22].

---

[22] Ce serait dépasser manifestement les droits de la science positive et même du simple bon sens que d'affirmer que les faits, tels qu'ils ont été décrits dans le procès-verbal, sont suffisamment expliqués par les troubles nerveux et les hallucinations qu'on a étudiés dans les hôpitaux. C'est cependant ce que n'a pas hésité à faire récemment un médecin dans la longue préface dont il a fait précéder la reproduction de l'histoire de Françoise Fontaine. Après avoir cité sainte

Le fameux recueil des causes célèbres contient, dans son tome VI, imprimé en 1738, deux documents cités à propos du procès de Louis Gaufridy, — ce prêtre de Marseille qui avait été brûlé comme sorcier en 1711, par arrêt du Parlement de Provence, — et relatifs à des faits contemporains du narrateur.

L'un se rapporte à une demoiselle Thévenet, de Corbeil, qu'on supposait possédée et au sujet de qui l'archevêque de Paris fit faire une information.

Voici les principaux faits qu'on dit avoir constatés :

« 1° Cette demoiselle s'est élevée à sept ou huit pieds dans un jardin et jusqu'au plancher dans sa chambre ;

« 2° Elle a enlevé son frère et sa garde jusqu'à trois pieds sans aucun point d'appui ;

« 3° Ses jupes se sont repliées par-dessus sa tête, quoiqu'elle s'élevât debout en l'air ;

« 4° Elle s'est élevée dans le lit avec sa couverture, jusqu'à trois et quatre pieds, de la même façon qu'elle s'était couchée, c'est-à-dire le corps étendu horizontalement. »

L'autre document est un rapport médical relatif à huit personnes de la paroisse de Langres, diocèse de Bayeux, également prétendues possédées. Voici ce rapport :

« Nous soussignés, Nicolas Andry, conseiller, lecteur et professeur royal, docteur, régent et ancien doyen de la Faculté de médecine de Paris, censeur royal

---

Thérèse et quelques autres femmes célèbres, il dit : « Françoise Fontaine est un cas particulier de la névrose ; chez toutes ces femmes, il y a trouble intellectuel, altérations cérébrales et psychiques ; si les manifestations diffèrent, le principe est un et identique. Ce sont des malades qui subissent l'influence de leurs sensations et de leurs sentiments, de leurs désirs et de leurs idées. « Le travail de reconstitution n'est pas difficile, et l'analyse morale n'est pas moins claire que les constatations morbides à côté de l'accident pathologique, de l'affection névropathique se place un affolement interne du sens de l'intuition, une perturbation des sens externes, un accroissement démesuré de l'imagination et de son activité créatrice : pendant le sommeil de l'être pensant, l'urne sensitive s'exalte et produit des visions, des hallucinations morales et physiques, c'est-à-dire de fausses images, constituant une véritable aliénation mentale qui convertit une sensation pathologique en réalités objectives. C'est une hallucination qu'elle a elle-même provoquée... (p. XIX et XX). « Je me crois en droit de conclure :

1. Il n'y a point de possédés ;

2. Il n'y a que des malades, et l'hystéro-épilepsie suffit à expliquer tout ce qu'il y a de vrai dans les phénomènes démoniaques

3. Françoise Fontaine est hystéro-épileptique, et son aventure ne présente absolument rien de surnaturel (p. LXXXVII). »

La désinvolture de ces affirmations en présence des faits dont le lecteur a pris connaissance plus haut, serait simplement comique si elle ne dénotait une hostilité aveugle et néfaste contre tout cc qui sort de l'enseignement matérialiste officiel.

des Livres, etc., avons examiné avec tout le soin possible le mémoire qu'on nous a présenté ; en conséquence de quoi, certifions avoir trouvé dans ledit mémoire quatre cas singuliers qui nous paraissaient passer les forces de la nature et ne pouvoir être attribués à aucune force physique, savoir :

« 1° Que les personnes y mentionnées…

« 2° Que souvent elles pèsent, dans le temps de leur syncope, au moins le double de ce qu'elles pèsent dans leur état naturel, de sorte que deux hommes ont eu quelquefois de la peine à porter un enfant de dix ans. Bien plus, que quatre hommes n'ont jamais pu, plusieurs fois et en différents temps, enlever une autre de terre où elle était étendue, quelque effort qu'ils fissent pendant un temps considérable ; et dès qu'un prêtre y fut arrivé et qu'il eut commandé au démon de lui rendre la connaissance et la liberté de se relever elle-même, elle recouvra l'une et l'autre. De plus, que deux hommes la portant un autre jour, dans ce même état, deux autres hommes s'étant joints à eux pour les aider à la porter, son corps devint tout à coup si pesant qu'ils eurent toute la peine gagner sa maison, quoique proche, déclarant qu'ils auraient eu moins de peine à porter chacun un sac de blé.

« 3° ……………………………………………………………………

« 4° Qu'il y en a une qui, voulant se jeter un jour par la fenêtre d'un escalier d'un second étage, demeura suspendue debout en l'air, sans aucun appui sous les pieds, et sans tenir à rien, pendant tout le temps qu'il fallut pour monter à cet étage et la retirer. Qu'elle s'est mise une autre fois un talon sur le bord extérieur du linteau de la fenêtre d'une chambre, l'autre pied en l'air, et tout le corps penché sans se tenir à rien. Qu'elle s'est assise sur le bord intérieur d'un puits, tout le corps en dedans, sans aucun appui sous les pieds, et pendant tout cela toujours en syncope.

« Lesquelles choses énoncées dans ces quatre articles, certifions comme ci dessus passer les forces de la nature et ne pouvoir être attribuées à aucune force physique ; le tout sans prétendre rien aux autres articles qui peuvent être du ressort de la physique et de la médecine.

Fait à Paris, le 4 mars 1134

ANDRY.
WINSLOW.

« Après avoir lu et examiné le mémoire ci-dessus, après avoir appris de plus l'inutilité des remèdes employés par les médecins, nous croyons que la physique ne peut expliquer quelques-uns des faits énoncés, tels, par exemple, que d'être suspendu en l'air sans tenir rien, etc., et que la nature toute seule, en santé ou en maladie, ne les peut produire.

«En foi de quoi, adhérant aux quatre articles extraits par nos confrères, MM. Andry et Winslow, sans rien décider sur les autres articles, nous avons signé à Paris, ce 7 mars 1735.

«CHOMEL, CONSEILLER, MÉDECIN DU ROI,
ASSOCIÉ VÉTÉRAN DE L'ACADÉMIE ROYALE DES SCIENCES
ET DOCTEUR RÉGENT DE LA FACULTÉ DE MÉDECINE DE PARIS.
«CHOMEL FILS, DOCTEUR RÉGENT DE LA FACULTÉ DE MÉDECINE DE PARIS.»

III

Les lévitations ont eu souvent une telle durée qu'elles ont pu se fixer nettement dans la mémoire des artistes et être reproduites par la peinture et la gravure.

Le Musée du Louvre possède un tableau de Murillo, catalogué sous le n° 550bis et appelé le Miracle de San Diego.

Nicola La Piccola a représenté saint Martin de Porres, qui était mulâtre et de l'ordre des Frères Prêcheurs, se précipitant à travers les airs vers un crucifix placé sur l'autel [23].

Saint Pierre d'Alcantara et sainte Jacinthe ont été également peints en train de s'élever vers un crucifix [24].

On a vu sur des tableaux saint Joseph de Cupertino, l'homme qui posséda au plus haut degré cette singulière propriété, volant vers l'hostie au moment de la bénédiction, arrivant à travers les airs jusqu'au pape Urbain VII pour lui baiser les pieds ; volant dans une église par-dessus la tête des assistants pour se porter vers une statue de la Vierge ; ou encore s'élever en consacrant l'hostie [25]. On m'a signalé de plus un tableau du cavalier Mazzanti, gravé en 1780 par Gaspard Froy et représentant Joseph de Cupertino, partant de son monastère dans les airs, en présence de deux moines [26].

---

[23] Saint Martin de Porres présentait souvent aussi le phénomène de la bilocation. Ribet, *Mystique*, II, 188.

[24] Ribet, *Mystique*, II, 592.

[25] « Je connais, dit Césaire d'Heisterbach (liv. IX, c. 10), un prêtre de notre Ordre, qui par une faveur de Dieu, toutes les fois qu'il dit la messe avec dévotion, est élevé d'un pied en l'air pendant tout le Canon jusqu'à la Communion ; s'il dit la messe plus vite ou moins dévotement, ou s'il est dérangé par le bruit des assistants, cette faveur lui est ôtée. »

[26] On rapporte que lorsque, en 1650, le duc de Brunswick arriva à Assise, l'aspect du saint qui se mit à planer au-dessus du sol en lisant sa messe le détermina à embrasser le catholicisme (*Psych. stud.*, 4, 24, 247). Un jour, lors d'une de ses lévitations, saint Joseph de Cupertino retomba sur le sol. Le Frère Junipero se précipita vers lui ; il ne put empêcher la chute, mais il raconta que le corps du saint lui avait paru léger comme un fétu de paille (Goerres, II, 257). Joseph de Cupertino, malade depuis l'âge de sept ans, s'habitua dès cette époque à l'abstinence par esprit de mortification. Pendant le carême des Franciscains, du 6 janvier au 10 février, il ne mangeait qu'une fois par semaine. Durant les six autres semaines du carême, il mangeait, le dimanche et le jeudi, quelques herbes amères, quelques fèves ou fruits ; et ne prenait rien les autres jours. Il tombait en extase cataleptique à l'église en entendant certains chants, certaines musiques. Il mourut à 60 ans.

Saint Thomas de Cora s'élevait au moment où il donnait la communion.

Le frère Humile de Bisignano (1582 – 1637), de l'ordre des Mineurs réformés de la province de Calabre, lévitait.

On connaît huit planches différentes d'une gravure représentant le pape Pie II en lévitation ([27]), avec cette inscription :

PIUS VII, PONT. MAX.

Savonae in extasim iterum raptus, die assumptionis B. Mariae V.

XIII *Kalendas septembris* 1811.

Une gravure italienne représente sainte Catherine de Sienne se tenant en l'air pendant que des prêtres écrivent ses paroles. Une autre représente la même sainte également en l'air avec l'inscription :

S. calerina miracolosamente transporta in siena.

---

[27] Le même qui fut contraint par Napoléon à assister à son sacre, et que David a peint (NDE).

29

IV

J'en ai, je crois, assez dit pour montrer que la lévitation est un phénomène parfaitement réel et beaucoup plus commun qu'on ne serait tenté de le croire au premier abord.

Les lecteurs qui voudront approfondir davantage la question pourront lire, dans la *Mystisque divine, naturelle et diabolique* de Goerres ([28]), les chapitres XXI, XXII et XXIII du 2ᵉ volume (De la marche extatique… Comment les extatiques s'élèvent en l'air… Du vol dans l'extase… Explication de ces phénomènes) et le chapitre XIX du 4ᵉ volume (Du vol diabolique… Comment ce phénomène est commun aux extatiques et aux possédés) ;

Dans la Mystique divine de l'abbé Ribet ([29]), le chapitre XXXII du volume (Dispense de la loi de la pesanteur… Suspension, ascension, vol extatique… Agilité surnaturelle en dehors de l'extase. Courses aériennes de sainte Christine l'admirable… Énergie de cette attraction ascensionnelle… Marche sur les eaux… Explication de ce phénomène) ;

Enfin, dans la *Physique de la Magie* que vient de publier récemment en Allemagne le baron Karl de Prel, le chapitre VII du 1ᵉʳ volume, chapitre qui a pour titre : *Gravitation et lévitation* et où le savant auteur essaie d'établir une théorie physique du phénomène basée sur la polarisation de la pesanteur.

J'espère être agréable à mes lecteurs en donnant ici un long extrait de ce chapitre dont je dois la traduction au Dʳ Hahn, bibliothécaire de la Faculté de médecine de Paris.

Le langage humain n'est pas le résultat du raisonnement scientifique ; il a pris naissance avant toute science. C'est ce qui fait que les termes par lesquels on désigne les phénomènes naturels ne sont pas conformes à la doctrine scientifique, mais à l'idée que s'en faisait l'homme préhistorique. Celui-ci ramenait toujours les choses de la nature à sa propre mesure et là où, par exemple, il voyait du mouvement, il supposait la vie. Encore aujourd'hui mouvement et vie restent associés dans le langage ; ainsi lorsque le vent agite les feuilles d'un arbre on dit qu'elles se meuvent. Le naturaliste devrait, rigoureusement, protester contre de semblables expressions, qui désignent le phénomène tel que nous le voyons, mais

---

[28] Traduction française en 5 volumes. Paris, Poussielgue, 1882.
[29] Paris, Poussielgue, 1883. Trois vol., gr. in-8.

non tel que nous le comprenons. La science est donc constamment obligée de parler la langue de l'ignorance, celle des conceptions préhistoriques de l'univers ; et ce qui prouve quelles profondes racines celles-ci ont conservées en nous c'est le plaisir que nous fait éprouver la poésie. Le poète lyrique qui donne la vie à la nature inanimée, flatte ces conceptions primitives qui sommeillent au fond de notre être, transmises à nous par hérédité.

Notre langage renferme encore un bon nombre de ces éléments paléontologiques, et bien des traces de cette interprétation subjective des phénomènes naturels se retrouvent non seulement pour notre sens interne, mais pour tous nos sens. Il en résulte une grande confusion dans les discussions scientifiques.

Lorsque nous ramassons une pierre, il nous semble qu'une sorte d'activité émane de cette pierre, qu'elle fait comme un effort pour se rapprocher du sol en pesant sur notre main, c'est ce sentiment que nous exprimons en disant : «La pierre est lourde». Nous pensons désigner ainsi la nature de la pierre. Ce sentiment s'est à un tel point généralisé que chacun de nous se croit autorisé à dire : «Tous les corps sont pesants». Voilà encore une expression contre laquelle le naturaliste devrait protester ; car, pris en lui-même, un corps n'est pas lourd ; il ne semble le devenir que lorsqu'il se trouve dans le voisinage d'un autre corps qui l'attire. Notre langage moderne transforme le fait d'attraction passive en une propriété de la pierre ; il place dans la pierre même la cause de la pesanteur qui réside en dehors d'elle. Étant donné que la terre attire la pierre tenue dans la main (nous faisons abstraction de l'attraction réciproque de la pierre sur la terre, pour plus de simplicité), la pierre paraît être lourde, mais ce n'est là qu'une apparence ; si nous pouvions supprimer la terre, il serait facile de le constater ; alors seulement la véritable nature de la pierre apparaîtrait et celle-ci se montrerait sans poids. Si nous replacions la terre à proximité de la pierre, son état naturel se trouverait modifié ; c'est ce que nous appelons pesanteur. Bref, le mot pesanteur indique un rapport entre deux corps et non la nature de l'un d'eux ; c'est la constatation d'une action exercée sur la pierre, mais non l'énoncé d'une cause résidant en elle. Ce n'est pas dans la pierre qu'il faut chercher la cause de la pesanteur, mais hors d'elle et, si cette cause vient à être supprimée, la pierre cesse d'être pesante. C'est en se servant de ce même langage de l'ignorance que les astronomes disent que la terre pèse des milliards de kilogrammes ; mais, si nous pouvions supprimer le soleil (et toutes les étoiles fixes), le poids de la terre serait nul. Si nous faisons disparaître le corps attractif, l'autre n'est naturellement plus attiré, car c'est uniquement dans l'attraction que consiste la pesanteur. En un mot, la gravitation ne caractérise d'aucune façon l'état effectif et invariable des corps.

Mais, dira-t-on, ces considérations sont assez stériles puisqu'en raison de l'impossibilité où nous sommes de nous soustraire à l'attraction de la terre, des corps sans pesanteur ne peuvent s'offrir à notre examen. Cette réflexion n'est pas juste. Certainement nous ne pouvons supprimer la terre ; mais peut-être sa force d'attraction pourrait-elle être annulée par la mise en jeu de forces capables de transformer, sous des conditions données, la gravitation ou lévitation. Nous connaissons une force de ce genre opposée à la gravitation ; c'est le magnétisme minéral. De plus, de nombreuses observations faites dans le domaine de l'occultisme se rapportent précisément à la lévitation, phénomène qui doit son nom à ce que l'on y voit la pesanteur naturelle des corps diminuée ou abolie. Des milliers de témoins assurent avoir vu des tables rester suspendues en l'air, rien qu'en appliquant les mains sur elles, ou même en les tenant au-dessus d'elles à une certaine distance. Voilà cinquante ans que les spirites affirment le fait ; leurs adversaires, au lieu d'examiner la chose, répondent simplement : « La lévitation est impossible parce qu'elle est contraire à la loi de gravitation. » C'est la répétition continuelle de la scène caractérisée par une ancienne réponse d'oracle : « Il entra un sage et avec lui un fou : le sage examina avant de juger ; le fou jugea avant d'examiner. »

L'exemple de l'aimant suffit déjà à prouver que, dans certaines circonstances, la lévitation est possible ; reste à savoir si elle peut se présenter encore dans d'autres conditions. Du moment qu'une exception à la loi de gravitation est constatée, d'autres sont, sans doute, possibles. Il peut exister dans la nature d'autres forces capables de l'emporter sur la force d'attraction de la terre. Une première raison de ne pas opposer à cette hypothèse une fin de non-recevoir, c'est que nous ne savons même pas en quoi consiste la gravitation. Nous en constatons les effets, mais son mode d'action physique nous échappe. Tous les physiciens savent que le processus de l'attraction est encore une énigme. La science aurait donc des raisons majeures pour examiner le phénomène de la lévitation ; il est évident en effet que la connaissance des conditions sous lesquelles la gravitation se trouve annulée ne peut qu'éclairer le phénomène même de la gravitation. Il est non moins évident d'après tout ce qui précède, que la lévitation ne peut être comprise qu'à la lumière de nos notions sur la gravitation ; c'est donc par l'étude de celle-ci que nous devons commencer.

Newton, le premier, a donné la démonstration rigoureuse de la gravitation déjà soupçonnée dans l'antiquité. Voici l'énoncé de la loi qu'il a établie : « Tous les corps s'attirent en raison directe de leur masse et en raison inverse du carré de

leur distance. » Ce fut la première loi terrestre à laquelle on attribua une valeur universelle ; elle est vraie pour la pierre lancée par un gamin aussi bien que pour la comète qui arrive des profondeurs de l'espace. Tel est le fondement sur lequel a pu s'établir la science moderne de l'astrophysique ; science qui part de ce principe que toutes les lois terrestres, loi de la chaleur, de la lumière, de l'électricité, etc., ont une valeur universelle. Newton savait bien qu'il n'avait découvert que la loi de la gravitation, mais non sa cause. Il a, lui-même, avoué ne pas connaître la nature de la gravitation. Il dit : « Je n'ai pu encore réussir à déduire des phénomènes observés la raison de cette gravitation ; je ne forge pas des hypothèses (*hypotheses non fingo* [30]). » Dans une lettre à Boyle, il dit : « La gravitation doit être occasionnée par quelque impulsion qui agit d'une façon continue et d'accord avec certaines lois, je laisse à mes lecteurs le soin de juger s'il s'agit d'une impulsion matérielle ou immatérielle. »

Le problème à résoudre ne se range donc pas sous la rubrique *Gravitation*, mais sous la rubrique *Gravitation et Lévitation*. Voici ce que dit Newton dans une lettre à Bentley : « Il est inconcevable que la matière brute inanimée puisse agir sur la matière, à distance, sans un intermédiaire matériel. » Pour expliquer cette action à distance, nous pouvons, d'après les règles de la logique, énoncer sous deux formes différentes la proposition de Newton et dire ou bien « Il est concevable que la matière animée puisse agir à distance », ou bien « Il est concevable que la matière inanimée puisse agir à distance par intermédiaire. » La première formule renonce à une solution scientifique et suppose la matière animée, comme l'a fait d'abord Maupertuis et récemment Zoellner. La dernière formule reste dans le cadre des sciences naturelles et implique une conception qu'on trouve déjà chez Newton. Celui-ci supposait l'espace partout occupé par une matière, l'éther, véhicule des phénomènes tels que chaleur, lumière, gravitation, électricité, etc. Avant même la publication de son ouvrage, il écrivait à Boyle : « C'est dans l'Éther que je cherche la cause de la gravitation. » De même que la loi de la gravitation n'a pu être découverte que par la généralisation d'une loi terrestre, de même nous ne pouvons découvrir la cause de la gravitation qu'en donnant une valeur cosmique à une force terrestre agissant à distance. La science astronomique ne devient une possibilité humaine qu'en présupposant l'universalité des lois terrestres ; car celles-ci seules sont accessibles à une vérification expérimentale.

Il existe une force terrestre agissant à distance, qui nous paraît appropriée à l'explication de la gravitation : c'est l'électricité. Dans un mémoire sur *Les forces qui régissent la constitution intérieure du corps*, publié en 1836 et reproduit par

---

[30] Newton. *Principia*, III.

Zoellner [31], Mossoti a déjà fait ressortir que la gravitation peut être considérée comme une des conséquences qui régissent les lois de la force électrique. Faraday voulait déterminer expérimentalement les relations qui pouvaient exister entre la gravitation et l'électricité. Il partait de cette prémisse que, si ces relations existent, la gravitation devait renfermer quelque chose qui correspondrait à la nature duale et antithétique des forces électromagnétiques. Il avait bien reconnu [32] qu'au cas où une semblable qualité existerait « il n'y aurait pas d'expressions assez fortes pour faire ressortir l'importance de ces relations ». En effet, ce serait là un fait d'une importance tout à fait extraordinaire, car alors la pesanteur ou gravitation se présenterait à nous comme une force modifiable sous certaines conditions, et sa démonstration aurait pour la science une valeur plus grande que toute autre découverte. Les expériences de Faraday ne donnèrent pas, il est vrai, de résultat positif, mais ce physicien n'en conserva pas moins la ferme conviction que ce rapport existe. Il est fâcheux que Faraday n'ait pas cherché à découvrir ces relations là où elles existent réellement, c'est-à-dire dans les phénomènes de lévitation de l'occultisme.

En 1872, Tisserand a fait de son côté à l'Académie des sciences [33] une communication sur : « Le mouvement des planètes autour du soleil d'après la loi électrodynamique de Weber. » Il a prouvé que les mouvements des planètes s'expliquent aussi bien par la loi de Weber que par celle de Newton, et que cette dernière n'est qu'un cas particulier de la précédente. Plus récemment Zoellner est revenu à cette idée : « La loi de Weber, dit-il, tend à se dévoiler à l'esprit humain comme une loi générale de la nature, régissant aussi bien les mouvements des astres que ceux des éléments matériels… Les mouvements des corps célestes s'expliquent, dans les limites de notre observation, aussi bien par la loi établie par Weber pour l'électricité que par la loi de Newton. Mais, comme celle-ci n'est qu'un cas particulier de la loi de Weber…, il faudrait, conformément, aux règles d'une induction rationnelle, substituer cette dernière loi à la loi de Newton pour l'étude des actions réciproques entre particules matérielles en repos ou en mouvement. » [34]

Si donc la pesanteur ou la gravitation est un phénomène électrique, elle doit être modifiable et polarisable par les influences magnétiques et électriques. C'est ce que prouve l'aimant quand il agit en sens inverse de la pesanteur. Celle-ci

---

[31] Zoellner. *Wissenschaftl. Abhandl.* 417-459.
[32] Faraday. *Rech. expér. sur l'électricité.*
[33] *Comptes rendus*, 30 sept. 1872.
[34] Zoellner. *Natur der Kometen*, 70, 127, 128.

dépend de la densité et de la cohésion des molécules ; la cohésion elle-même ne serait que de l'électricité enchaînée.

L'hypothèse qui fait de l'attraction du soleil sur les planètes un phénomène électrique gagnerait en vraisemblance si l'attraction que Newton attribue à la lune et dont l'effet se traduit par les marées, pouvait être imitée électriquement ; or, si d'un liquide on approche un bâton d'ambre rendu électrique par le frottement, on voit se former à la surface de ce liquide une sorte de renflement en bourrelet. Cette hypothèse gagnerait encore en vraisemblance si l'on pouvait mettre en évidence, dans notre système solaire, le fait de la répulsion électrique… C'est précisément le cas de la queue des comètes. Le noyau des comètes, en sa qualité de masse fluide parsemée de gouttelettes, est soumis à l'action de la gravitation et obéit à la loi de Kepler. La queue, c'est-à-dire les vapeurs formées aux dépens du noyau, se comporte d'une façon toute différente. Ces vapeurs ne sont pas attirées par le soleil, mais repoussées par lui selon le prolongement de la ligne droite qui relie le soleil au noyau et qu'on appelle le rayon vecteur. Tout liquide en voie de vaporisation s'électrise, comme on le sait ; nous sommes donc autorisés à supposer que les vapeurs développées aux dépens du noyau cométaire sous l'influence de la chaleur solaire sont également électrisées. Comme les électricités de même nom se repoussent, il y aurait lieu de penser que la queue des comètes subit sa répulsion tout simplement parce qu'elle est chargée d'une électricité de même nom que celle du soleil. Mais, lorsque les comètes se rapprochent du soleil vers l'époque du périhélie, le processus d'ébullition qui a débuté à la surface de la comète doit gagner de plus en plus en profondeur, et il peut arriver que de nouvelles substances chimiques y prennent part et que le signe de l'électricité dont les vapeurs sont chargées vienne à changer, c'est-à-dire que ces vapeurs acquièrent une électricité de nom contraire à celle du soleil [35]. Dans ces conditions et en raison de l'universalité supposée des lois de la nature, il pourrait se former une queue de comète dirigée vers le soleil, c'est-à-dire attirée par lui. C'est par ce raisonnement que Zoellner expliquait l'apparence présentée par la comète de 1823 qui présentait deux queues, l'une dirigée vers le soleil, l'autre en sens opposé, et faisant ensemble un angle de 160° [36].

L'examen de ce phénomène cosmique nous permet de supposer que la gravitation est identique avec l'attraction électrique, mais que par le changement de signe de l'électricité, la gravitation peut être changée en lévitation et réciproque-

---

[35] Il ressort des expériences de M. Bennet (*La Lumière électrique*, numéro du 16 janvier 1892, p. 104 et suiv.) que le simple contact de métaux ou autres substances ayant une affinité différente pour le fluide électrique peut changer le sens de l'électrisation.

[36] Zoellner. *Wissensch. Abhandl.* II, 2. 638-640.

ment. Il en résulte pour la science la possibilité de modifier ou d'abolir la pesanteur dans des conditions soumises à des lois. Si la science réussissait à déterminer ces conditions et à en faire l'application technique aux mystères de la nature, la vie humaine s'en trouverait modifiée plus profondément que par toutes les découvertes faites jusqu'à ce jour. L'hypothèse de Faraday attribuant à la gravitation le caractère antithétique de l'électricité serait vérifiée ; nous pourrions l'appliquer et, du même coup, les phénomènes de lévitation, si nombreux dans l'occultisme, perdraient leur caractère paradoxal…

V

La lévitation du corps humain n'est qu'un cas particulier du phénomène qui consiste à modifier l'attraction exercée par la terre sur les corps qui se trouvent à sa surface. On vient de voir que, suivant l'hypothèse du savant allemand, l'organisme humain serait susceptible de dégager une force capable d'agir en sens inverse de la pesanteur.

J'ai déjà eu l'occasion de citer, soit dans le présent article, soit dans l'étude que j'ai publiée en 1897, un certain nombre de faits confirmant cette hypothèse ; je vais en rappeler quelques autres.

Beaucoup de magnétiseurs affirment qu'on peut rendre un objet lourd ou léger en le magnétisant [37].

Allan Kardec rapporte, dans le *Livre des Médiums* [38], qu'il a vu plusieurs fois des personnes faibles et délicates soulever avec deux doigts, sans effort et comme une plume, un homme fort et robuste avec le siège sur lequel il était assis, cette faculté étant du reste intermittente chez les sujets. Il y aurait là un phénomène du même ordre qu'on peut rapprocher de l'expérience suivante rapportée par le célèbre physicien David Brewster, membre de la Société royale de Londres, dans une de ses *Lettres à Walter Scott sur la Magie naturelle* :

« La personne la plus lourde de la société se couche sur deux chaises de telle façon que le bas de ses cuisses repose sur l'une et les épaules sur l'autre. Quatre personnes, une à chaque pied, et à chaque épaule, cherchent à la soulever et constatent d'abord que la chose est très difficile. Quand elles ont repris, toutes

---

[37] Nous affirmons, dit M. de Mirville (des Esprits, éd. de 1858 ; p. 100), que nous-même, sur un simple signe que nous transmettions à un magnétiseur, son somnambule, porté sur nos propres épaules, devenait à notre volonté infiniment plus léger ou nous écrasait de tout son poids ; et nous vous affirmons encore que, sur un simple signe de nous à son magnétiseur, placé à l'autre extrémité de la chambre, ce somnambule, dont les yeux étaient hermétiquement bouchés, se laissait rapidement entraîner, ou bien, obéissant à notre nouvelle intention, demeurait tout à coup si bien cloué sur le parquet, que, courbé horizontalement et ne reposant plus que sur l'extrémité de la pointe des pieds, tous nos efforts (et nous étions quatre) ne le faisaient plus avancer d'une seule ligne : « Vous attelleriez dessus six chevaux, nous disait le magnétiseur, vous ne le feriez pas bouger davantage. » D'après les Bollandistes, Saint Vincent Ferrier prit un jour dans ses mains et plaça sur un char une pièce de bois que six hommes auraient eu de la peine à soulever. Une autre fois, il fit porter au couvent par un éclopé et sans fatigue une poutre qu'une paire de bœufs n'aurait pu traîner.

[38] <u>Réédition : arbredor.com, 2002</u> (NDE).

les cinq, leurs positions primitives, la personne couchée donne deux signaux en frappant deux fois les mains l'une contre l'autre ; au premier signal, elle et les quatre autres aspirent fortement ; dès que les poumons sont pleins d'air, elle donne le second signal pour l'élévation, qui se fait sans la moindre difficulté, comme si la personne soulevée était aussi légère qu'une plume.

« J'ai eu plusieurs fois l'occasion de remarquer que, lorsqu'une des personnes qui soulevaient n'aspirait pas en même temps que les autres, la partie du corps qu'elle s'efforçait de soulever restait au-dessous des autres.

« Bien des personnes ont joué successivement le rôle de porteur ou de porté ; elles ont toutes été convaincues que, par le procédé que je viens de décrire, ou bien le poids du fardeau était amoindri, ou bien la force des porteurs était augmentée.

« À Venise, la même expérience fut répétée dans des conditions encore plus étonnantes. L'homme le plus lourd de la société fut élevé et porté à l'extrémité de l'index de six personnes. Le major H… déclare que l'expérience manque quand la personne à élever est couchée sur une planche et que l'effort des autres s'exerce sur cette planche. Il considère comme essentiel que les porteurs se trouvent en contact immédiat avec le corps humain à élever. L'occasion m'a manqué pour vérifier ce fait par moi-même. »

Il y a une trentaine d'années, on parvint à constater, à l'aide d'appareils mécaniques, que certaines personnes pouvaient produire des variations dans le poids des corps par leurs propres émanations, et, au mois d'août 1855, le Dr. Robert Hare, professeur émérite de chimie à l'Université de Pennsylvanie, montrait au Congrès de l'Association américaine pour l'avancement des sciences comment il s'était servi d'une balance à ressort pour manifester une augmentation de 18 livres dans le poids d'un objet avec lequel son sujet ne communiquait qu'au travers de l'eau. La description et le dessin de cet appareil se trouvent dans l'ouvrage que le Dr. Hare publia, l'année suivante, à New York, sous le titre Experimental investigation. Nous ne le reproduisons pas parce que nous allons le retrouver perfectionné par sir Crookes.

À plusieurs reprises cet illustre chimiste avait été vivement sollicité de soumettre au contrôle de sa science d'expérimentateur les phénomènes attribués à des personnes habitant alors Londres. En juillet 1870, il répondit à ces demandes par un article inséré dans le *Quaterly Journal of science* ([39]), d'où j'extrais le passage suivant, qui montre avec quelle défiance il abordait ce genre d'études.

« J'ai lu la relation d'une quantité innombrable d'observations, et il me sem-

---

[39] Vol. 7, p. 316. —Juillet 1870.

ble qu'il y a bien peu d'exemples de réunions tenues avec l'intention expresse de placer les phénomènes, avec les conditions expérimentales, en présence de personnes dûment reconnues aptes, par la direction de leurs études, à peser et à apprécier la valeur des preuves qui pourraient se présenter ([40]). Les seules bonnes séries d'expériences probantes dont j'ai connaissance ont été tentées par le comte de Gasparin, qui, en admettant la réalité des phénomènes, arrivait à la conclusion qu'ils n'étaient pas dus à des causes surnaturelles.

« Le spiritualiste pseudo-savant fait profession de tout connaître : nul calcul ne trouble sa sérénité, nulle expérience n'est difficile, pas de lectures longues et laborieuses, pas de tentatives pénibles pour exprimer en langage clair ce qui a charmé le cœur et élevé l'esprit. Il parle avec volubilité de toutes les sciences et de tous les arts, submergeant son auditeur sous les termes *d'électro-biologie, psychologie, magnétisme animal,* etc., véritable abus de mots, qui montre plutôt l'ignorance que le savoir. Une pareille science banale n'est guère propre à guider les découvertes qui marchent vers un avenir inconnu ; et les vrais ouvriers de la science doivent, au plus haut degré, prendre garde à ce que les rênes ne tombent pas en des mains incompétentes et incapables.

« Le vrai savant a un grand avantage dans les investigations qui déjouent si complètement l'observateur ordinaire. Il a suivi la science dès le commencement, à travers une longue suite d'études, et il sait par conséquent dans quelle direction elle le mène ; il sait que, d'un côté, il y a des dangers, de l'autre des incertitudes, et d'un troisième côté, la vérité presque absolue.

« Il voit une certaine étendue devant lui. Mais, quand chaque pas se dirige vers le merveilleux et l'inattendu, les précautions et le contrôle doivent s'accroître plutôt que diminuer. Les chercheurs doivent travailler, quoique leur travail soit petit en quantité, pourvu que son excellence intrinsèque fasse compensation. Mais, même dans ce royaume des merveilles, cette terre de prodiges vers laquelle la recherche scientifique envoie ses pionniers, y a-t-il quelque chose qui puisse être plus étonnant que la délicatesse des instruments auxiliaires que les travailleurs apportent avec eux, pour les aider dans les observations de leurs sens naturels ?

« Le spiritualiste parle de corps pesant cinquante ou cent livres, qui sont élevés en l'air sans l'intervention de force connue ; mais le savant chimiste est accoutumé à faire usage d'une balance sensible à un poids si petit qu'il en faudrait dix mille comme lui pour faire un grain. Il est donc fondé à demander que ce pouvoir qui se dit guidé par une intelligence, qui élève jusqu'au plafond un corps

---

[40] Les expériences de la Société dialectique de Londres n'étaient point encore publiées.

pesant, fasse mouvoir sous des conditions déterminées sa balance si délicatement équilibrée.

« Le spiritualiste parle de corps frappés qui se produisent dans les différentes parties d'une chambre, lorsque deux personnes ou plus sont tranquillement assises autour d'une table. L'expérimentateur scientifique a le droit de demander que ces coups se produisent sur la membrane tendue de son phonautographe.

« Le spiritualiste parle de chambres et de maisons secouées, même jusqu'à en être endommagées, par un pouvoir surhumain. L'homme de science demande simplement qu'un pendule placé sous une cloche de verre et reposant sur une solide maçonnerie soit mis en vibration.

« Le spiritualiste parle de lourds objets d'ameublement se mouvant d'une chambre à l'autre sans l'action de l'homme. Mais le savant a construit des instruments qui diviseraient un pouce en un million de parties, et il est fondé à douter de l'exactitude des observations effectuées, si la même force est impuissante à faire mouvoir d'un simple degré l'indicateur de son instrument.

« Le spiritualiste parle de fleurs mouillées de fraîche rosée, de fruits et même d'êtres vivants apportés à travers les croisées fermées, et même à travers de solides murailles en briques. L'investigateur scientifique demande naturellement qu'un poids additionnel, ne fût-il que la millième partie d'un grain, soit déposé dans un des plateaux de sa balance, quand la boîte est fermée à clef ; et le chimiste demande qu'on introduise la millième partie d'un grain d'arsenic à travers les parois d'un tube de verre dans lequel de l'eau pure est hermétiquement scellée.

Le spiritualiste parle des manifestations d'une puissance équivalente à des millions de livres, et qui se produit sans cause connue. L'homme de science, qui croit fermement à la conservation de la force et qui pense qu'elle ne se produit jamais sans un épuisement correspondant de quelque chose pour le remplacer, demande que lesdites manifestations se produisent dans son laboratoire, où il pourra les peser, les mesurer, et les soumettre à ses propres essais.

« C'est pour ces raisons et avec ces sentiments que je commence l'enquête dont l'idée m'a été suggérée par des hommes éminents qui exercent, une grande influence sur le mouvement intellectuel du pays. »

Avant de chercher à construire des instruments spéciaux, M. Crookes voulut se mettre en rapport avec un certain nombre de sujets et s'assurer, par les procédés usuels, de la nature et de la réalité des phénomènes qu'il avait à étudier.

« Je vis, dit-il [41], en cinq occasions différentes, des objets dont le poids variait de 25 à 100 livres, être momentanément influencés de telle manière que moi

---

[41] *Recherches sur les phénomènes du spiritualisme*, p. 37.

et d'autres personnes présentes, nous ne pouvions qu'avec difficulté les enlever au-dessus du plancher. Désirant établir d'une manière certaine si cela était dû à un fait physique ou si c'était simplement l'influence de l'imagination qui faisait varier la puissance de notre propre force, je mis à l'épreuve les phénomènes avec une machine à peser, dans deux circonstances différentes où j'eus l'occasion de me rencontrer avec M. Home chez un ami. Dans le premier cas, l'accroissement de poids fut généralement de 8 livres pour des poids de 36 livres, 48 livres et 46 livres ; expériences qui furent faites successivement et sous le plus rigoureux contrôle. Dans le second cas, qui eut lieu quinze jours, plus tard en présence d'autres observateurs, je trouvai que, dans trois expériences successives dont les conditions furent variées, l'augmentation de poids fut de 8 livres pour des poids de 23 livres, 43 livres et 27 livres. Comme j'avais l'entière direction des essais susmentionnés, que j'employai un instrument d'une grande exactitude et que je pris tous les soins voulus pour calculer la possibilité de résultats obtenus par fraude, je n'étais pas sans m'attendre à un résultat satisfaisant, lorsque le fait fut convenablement expérimenté dans mon propre laboratoire. »

Pendant les deux ans que le savant anglais a consacrés à ces recherches, il a trouvé neuf ou dix personnes possédant ce qu'il appelle le pouvoir psychique à un degré plus ou moins grand, mais cette faculté était si puissante chez M. Home et chez M. X., que c'est avec ces deux personnes qu'il a, par raison de commodité, exécuté les trois séries d'expériences que je vais analyser et qui, nous le rappelons, ont toutes eu lieu dans le laboratoire de M. Crookes.

Première disposition

L'appareil destiné à expérimenter l'altération de poids d'un corps consistait en une planche d'acajou de 0,90m de long sur 0,24 de large et deux centimètres et demi d'épaisseur.

À chaque bout, une bande d'acajou large de quatre centimètres était vissée et formait pied. L'un des bouts de la planche reposait sur une table solide, tandis que l'autre était supporté par une balance à ressort ou peson suspendu à un fort trépied ; le peson était muni d'un index enregistreur automoteur de manière à indiquer le maximum de poids marqué par l'aiguille. L'appareil était ajusté de telle sorte que, la planche d'acajou étant horizontale et son pied

reposant à plat sur le support, l'index de la balance indiquait trois livres anglaises comme fraction du poids supporté.

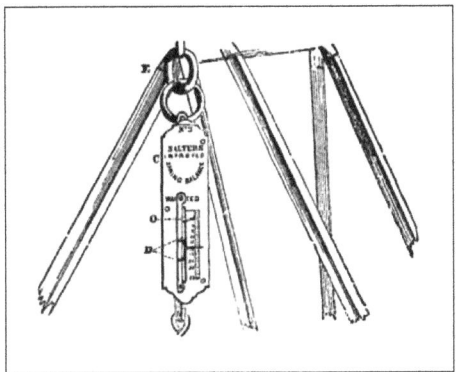

En présence de M. Crookes, de son frère, de son aide de chimie, du Dr William Huggins, membre de la Société royale de Londres, et de M. Sergeant Cox, docteur en droit, le sujet assis sur une chaise posa légèrement la pointe de ses doigts, sur l'extrême bout de la planche d'acajou, dans une position qui fut constatée par des traits au crayon ; presque aussitôt les observateurs virent descendre l'aiguille de la balance, qui remonta au bout de quelques secondes.

Ce mouvement se répéta plusieurs fois, comme sous des émissions successives de la force psychique, et l'on percevait distinctement le mouvement d'oscillation de l'autre extrémité de la planche. Le sujet prit alors deux objets qui se trouvaient à sa portée, une petite sonnette et une boîte d'allumettes ordinaire en carton qu'il plaça sous ses doigts, pour montrer qu'il n'exerçait aucune pression : on ne tarda pas à voir le mouvement se reproduire avec plus d'intensité encore, et l'enregistreur automatique montra que l'index était descendu jusqu'à neuf livres ; c'est-à-dire qu'il avait indiqué une augmentation de six livres dans la fraction du poids supporté par le peson.

Afin de voir s'il était possible de produire un effet notable sur cet instrument en exerçant une pression à l'endroit où le sujet avait mis ses doigts, M. Crookes monta sur la table et se tint sur un pied à l'extrémité de la planche ; le Dr Huggins, qui observait l'index de la balance, constata que le poids entier du corps (140 livres) ne faisait fléchir l'index que d'une livre et demie, ou de deux livres quand M. Crookes donnait une secousse.

Cette flexion tenait évidemment à ce que, le pied ayant plus de quatre centimètres de largeur, une partie du poids du corps agissait en avant de l'arête antérieure de la bande d'acajou, autour de laquelle il faisait tourner la planche ;

tandis que, le sujet plaçant ses doigts en arrière de cette même arête, une pression quelconque de sa part ne pouvait produire aucun effet, et même eût eu pour résultat d'entraver l'abaissement de l'autre extrémité. En admettant même que, trompant la surveillance des yeux qui l'observaient, le sujet eût pu porter un instant ses doigts en avant de l'arête de la bande, il est facile de se convaincre, par un simple calcul de proportion, que, pour faire descendre l'index jusqu'à neuf livres, il aurait dû produire du côté de b un effort supérieur à son poids tout entier, ce qui est inadmissible pour un homme assis.

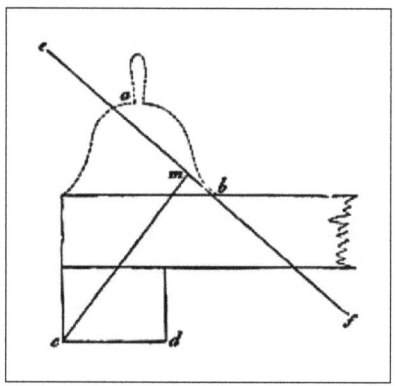

Deuxième disposition

Crookes voulut toutefois écarter jusqu'à l'idée de cette objection par le dispositif suivant.

Il prit une planche d'acajou A B semblable à celle de l'appareil précédent, mais sans les deux bandes formant pieds : près de l'extrémité A, il en fixa une autre F, taillée de manière à faire l'office du couteau d'une balance, reposant sur un solide bâti H G.

L'extrémité B fut encore suspendue à un peson, mais l'index mobile de cet instrument se terminait par une fine pointe faisant saillie et pouvant marquer sa trace sur une plaque de verre enfumée disposée de manière à se déplacer horizontalement devant lui sous l'action d'un mouvement d'horlogerie.

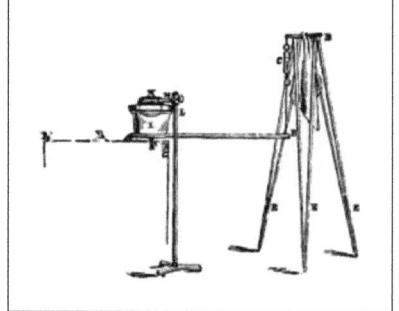

Si le peson est au repos et que le mouvement d'horlogerie vienne à marcher, il en résultera sur la plaque une trace blanche horizontale parfaitement droite. Si le mouvement est arrêté et qu'on place des poids sur l'extrémité de la planche, il en résultera une ligne verticale dont la longueur dépendra du poids appliqué. Si, pendant que le mouvement d'horlogerie entraîne la plaque, le poids de la planche et par suite la tension de la balance viennent varier, il en résultera une ligne courbe d'après laquelle on pourra calculer la tension en grammes à n'importe quel moment de la durée des expériences.

À l'extrémité À on plaça un large vase de verre plein d'eau I, de telle manière que son centre de gravité fût précisément dans le plan vertical passant par l'arête du couteau F. Dans ce vase on introduisit un vase de cuivre N hémisphérique percé de plusieurs trous à sa partie inférieure et relié par un bras rigide M à un support immobile L, de telle manière qu'il y avait un intervalle d'au moins cinq centimètres entre lui et le vase de verre.

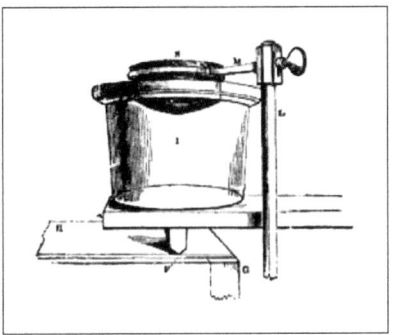

Ces dispositions avaient pour but d'empêcher que l'immersion de la main du sujet dans l'eau du vase de cuivre pût produire un effet sensible sur le peson, soit par suite de la force de réaction développée par l'effort même de l'immersion, soit par un choc quelconque imprimé aux parois du vase de verre. En effet la main entière de l'un des témoins, plongée dans le vase de cuivre ; ne provoqua aucun mouvement de l'aiguille du peson.

L'appareil étant ainsi disposé, Home fut introduit dans la chambre et prié de mettre ses doigts dans l'eau du vase N, ce qu'il fit pendant qu'on lui tenait son autre main et les pieds ; lorsqu'il dit qu'il sentait une influence s'échapper de sa main, M. Crookes fit marcher le mouvement d'horlogerie et presque aussitôt on vit osciller l'extrémité de la planche et l'index du peson tracer sur la plaque de verre la courbe que nous reproduisons dans la figure ci-dessous.

Troisième disposition

Le contact par l'eau ayant été démontré aussi efficace que le contact direct,

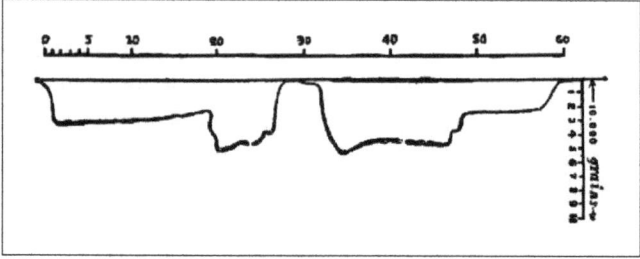

M.Crookes voulut éprouver si la force en question pourrait impressionner le poids, soit en touchant simplement un objet fixe en contact avec l'appareil, soit encore en se tenant simplement à côté.

On conserva donc l'appareil précédent, en supprimant les vases comme inutiles ; M. Home plaça ses mains sur le support fixe à une dizaine de centimètres de l'appareil, un témoin mit ses mains sur les mains de M. Home et son pied sur ses pieds ; puis on opéra comme précédemment et on obtint sur la plaque la courbe de la figure ci-dessous.

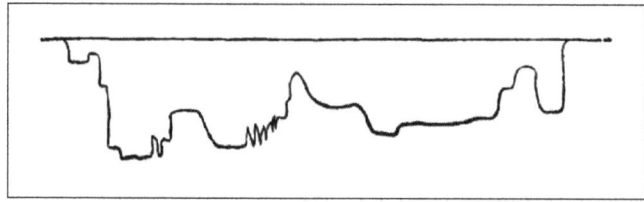

Un jour M. Home se déclarant mieux disposé que d'habitude, se plaça à un mètre de l'appareil ; on lui tint solidement les pieds et les mains et on obtint la courbe de la figure ci-dessous.

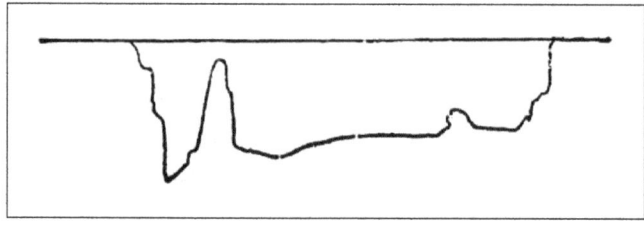

Les courbes de ces figures sont en vraie grandeur ; l'échelle verticale qui accompagne la première représente la tension en grains [42] et l'échelle horizontale le temps en secondes.

---

[42] Chaque division correspond à 1 000 grains, c'est-à-dire à 6 grammes 4 décigrammes.

On voit que les tensions maxima ont été, respectivement dans chaque expérience, de 5 500 grains (33 grammes), 9 000 grains (58 grammes) et 10 000 grains (64 grammes).

Quatrième disposition

M. Crookes, convaincu que la force psychique existe plus ou moins développée chez tous les sujets, imagina un appareil beaucoup plus sensible pour en constater les manifestations. Nous en donnons ci-dessous le plan et l'élévation.

Un morceau de parchemin mince À est fortement tendu sur un cercle de bois, de manière, à former une sorte de tambour de basque. B C est un léger levier parfaitement équilibré pivotant en D autour d'un axe horizontal. À l'extrémité B se trouve une pointe d'aiguille verticale touchant la membrane A; au point C une autre pointe d'aiguille, faisant saillie horizontalement et touchant une lame de verre noircie à la fumée; cette lame verticale peut être entraînée parallèlement au plan vertical, dans lequel se meut le levier, par un mouvement d'horlogerie K; des trous sont percés dans la paroi du cercle, pour permettre à l'air de circuler librement au-dessous de la membrane. Des expériences préalables exécutées par plusieurs personnes permirent de constater que des chocs sur le support fixe ne communiquaient aucun mouvement au levier, et que la ligue tracée par l'index restait parfaitement droite quand bien même on cherchait à secouer le support et qu'on frappait du pied sur le plancher.

Mme X… fut introduite dans le laboratoire. Sans qu'on lui eût expliqué le but de l'instrument, on la pria de placer ses mains sur le support fixe, successivement en divers points plus ou moins éloignés de l'appareil; à chaque fois, bien que M. Crookes tint ses mains sur les siennes, pour s'assurer s'il n'y avait aucun mouvement conscient ou inconscient de sa part, on vit le levier osciller et la pointe tracer diverses courbes, à une échelle un peu plus grande que nature, pour permettre de bien distinguer les petites oscillations; en même temps, on entendait venir du parchemin des bruits semblables à ceux qu'auraient produits des grains de sable projetés à sa surface; quelquefois les sons se succédaient aussi rapidement que ceux d'une machine d'induction tandis que, d'autres fois, il y avait plus d'une seconde d'intervalle.

Un fragment de graphite placé sur le parchemin était projeté, à chaque coup, à la hauteur d'un demi millimètre environ.

Quelques jours après, Home essaya à son tour l'appareil; il étendit la main droite au-dessus et à vingt centimètres environ de la membrane; Crookes lui tenait fortement le bras droit et un autre témoin le bras gauche. Après être demeuré dans cette position une minute, M. Home dit qu'il sentait le fluide passer ; on fit alors marcher le mouvement d'horlogerie et l'on vit l'index osciller ; les mouvements étaient beaucoup plus lents que dans le cas précédent et n'étaient point du tout accompagnés des coups vibrants dont il a été fait mention, mais les oscillations présentaient une amplitude beaucoup plus considérable.

Sir Crookes fait observer que les phénomènes de cette nature sont généralement précédés par un refroidissement de l'air tout particulier :

« Sous son influence, dit-il, j'ai vu des feuilles de papier s'enlever et le thermomètre baisser de plusieurs degrés. Dans d'autres occasions, je n'ai remarqué aucun mouvement réel de l'air, mais le froid a été si intense que je ne puis le comparer qu'à celui qu'on ressent lorsqu'on tend la main à quelques pouces du mercure gelé [43]…»

« Après avoir été témoin de l'état pénible de prostration nerveuse dans lequel quelques-unes de ces expériences ont laissé M. Home, après l'avoir vu dans un état de défaillance presque complète, étendu sur le plancher, pâle et sans voix, je puis à peine douter que l'émission de la force psychique ne soit accompagnée d'un épuisement correspondant de la force vitale [44]. »

Il semble qu'une enquête aussi précise ne doive rien laisser à désirer ; cependant, un certain nombre de lecteurs demanderont peut-être pourquoi d'autres savants n'ont point fait d'expériences analogues et avec d'autres sujets.

Je répondrai d'abord que, outre celles du Dr Hare et du Dr Dusart que j'ai signalées plus haut, il y a eu encore celles de M. Boutlerow, professeur de chimie à l'Université de Saint-Pétersbourg, pendant l'hiver de 1871 [45]. La tension normale du dynamomètre étant de 100 livres, elle fut portée jusqu'à 150 livres, les mains de M. Home étant mises en contact avec l'appareil d'une manière telle que tout effort de sa part aurait diminué la tension au lieu de l'accroître.

Je ferai observer ensuite que les facultés dont nous nous occupons sont tout à fait anormales, que rien n'est plus variable, plus mobile que leurs effets, et qu'il est difficile, non seulement de trouver des sujets, mais encore de saisir l'occasion d'expérimenter sur eux avec des appareils préparés à l'avance et dans certaines conditions qui, ici comme pour l'électricité, sont nécessaires pour la production bien nette des phénomènes.

---

[43] Rech. sur le spirit., p.144.
[44] L. e., p.67.
[45] Crookes. *Recherches sur le spiritualisme*, p. 39.

VI

La plupart des faits que nous avons cités peuvent certainement s'expliquer par des considérations analogues à celles qu'a développées Karl du Prel ; mais il me paraît non moins certain que quelques autres paraissent dues à des forces tout à fait différentes de celles que nous sommes habitués à considérer en physique et je terminerai cette étude déjà longue quoiqu'encore bien incomplète [46] en rappelant un cas de lévitation qui laisse fort loin derrière lui tous les autres ; ce sont les pérégrinations de la Santa-Casa de N.-D. de Lorette [47].

Je prie le lecteur de ne me considérer, ici comme pour quelques autres de mes citations, que comme un simple compilateur, un rapporteur qui expose les diverses pièces d'un procès en laissant à chacun le soin de juger du degré de confiance qu'elles méritent.

Je me contenterai donc d'extraire les détails essentiels du phénomène d'une longue dissertation que lui a consacrée l'abbé Lecanu dans le dictionnaire des prophéties et des miracles faisant partie de l'Encyclopédie théologique de l'abbé Migne.

« Le 10 mai 1291, sur le sommet aplati d'une colline entre les villes de Fiume et de Tersatz, mais plus près de cette dernière, dans un lieu appelé Rauniza, les habitants aperçurent un édifice qu'ils n'avaient pas vu auparavant.

« On accourt, on examine ; le bâtiment est construit de pierres de petit appareil, taillées et cimentées, posé sans fondations sur la terre, surmonté d'un clocher. On pénètre dans l'intérieur ; l'édifice forme un carré oblong, le plafond est peint couleur d'azur, divisé en compartiments, semé de petites étoiles dorées. Une frise règne autour, représentant des vases de formes diverses inclus dans des cerceaux. Les murs sont recouverts d'un enduit, sur lequel on a représenté au pinceau divers mystères de la religion. Une porte latérale a donné l'entrée, une fenêtre s'ouvre à main droite ; en face est l'autel dominé par une croix grecque avec le crucifix peint sur toile et collé, et la légende Jésus de Nazareth, roi des juifs... »

---

[46] Chaque jour mes lectures m'apportent de nouveaux cas, soit anciens, soit contemporains.

[47] Cette célèbre chapelle a, dans ses œuvres, 9 m. 60 de long, 4 m. 18 de large et 4 m. 30 de haut ; les murs sont en maçonnerie de moellons faits d'une pierre sablonneuse tendre et couleur de brique.

«La Sainte Vierge apparut à ce moment en songe au vénérable Alexandre, curé de Tersatz, et lui dit: Sache que la demeure sacrée récemment apportée dans votre pays, est la maison même où j'ai pris naissance et où j'ai passé presque toute ma jeunesse... les Apôtres la consacrèrent... Après avoir été, environnée des plus grands honneurs dans la Galilée pendant de longs siècles, elle a émigré de la ville de Nazareth vers vos rivages parce qu'elle s'est trouvée mise en oubli par la perte de la foi.

«Alexandre ayant raconté ce songe au gouverneur du pays, on envoya à Nazareth des commissaires pour vérifier le fait; ces commissaires constatèrent, par le témoignage des habitants et par leurs propres yeux, la disparition de la sainte demeure, prirent les mesures exactes des fondations qui étaient demeurées au niveau du sol et s'assurèrent que le temps de l'enlèvement coïncidait avec celui de l'apparition en Dalmatie...

«Le bonheur des habitants de Tersatz ne fut pas de longue durée. Au bout de trois ans et sept mois la sainte maison disparut. L'émotion fut grande dans tout le pays. Le pieux gouverneur, pour consoler ses ministres de la perte qu'ils venaient de faire, éleva à ses frais une autre maison pareille à la première; ces successeurs l'enfermèrent dans une église magnifique...

«La sainte maison avait été transportée de l'autre côté du golfe Adriatique, au milieu d'un bois, à mille pas du rivage, près de Recanati dans la marche d'Ancône. Des bergers l'aperçurent les premiers pendant la nuit, environnée d'une céleste splendeur, qui attira leurs regards. L'un d'eux prétendit même l'avoir vue traversant les airs et se posant après sur la terre. »

Les bois environnants étaient peuplés de bandits qui, plus d'une fois, assassinèrent les pèlerins qui s'étaient hâtés d'accourir. Aussi le séjour de la sainte maison fut-il très court dans cette station; au bout de huit mois, elle la quitta pour se rendre à deux milles de là sur une petite éminence où elle ne se trouva point encore à son gré, car, quatre mois après, elle descendit du sommet de la colline et s'établit, à la distance d'un jet de pierre, au milieu de la voie publique, au point où elle se trouve encore aujourd'hui.

Le Souverain Pontife, Boniface VIII, ordonna à l'évêque de Recanati de prendre les mesures nécessaires pour arriver à la constatation authentique de faits si extraordinaires. Une députation, composée de seize personnes, partit donc de Recanati pour Tersatz. Les députés prirent les dimensions de la chapelle que les habitants venaient d'élever en place de la sainte maison; ils trouvèrent qu'elles se rapportaient exactement à celles qu'ils avaient levées avant leur départ; ils se dirigèrent de là vers la Palestine, constatèrent l'existence des fondations au lieu indiqué, en prirent les dimensions, consultèrent les traditions et se convainquirent que tout était conforme, à ce qui leur avait été annoncé d'abord. Leur séjour à Recanati leva les derniers doutes.

Table des matières